너는 꿈을 어떻게 이룰래? **6**

한계돌파 사고

리앙즈웬 지음 │ 이종순 옮김

너는 꿈을 어떻게 이룰래? **6**

한계돌파 사고

펴 냄   2006년 10월 15일 1판 1쇄 박음 | 2006년 10월 20일 1판 1쇄 펴냄
지은이   리앙즈웬(梁志援)
옮긴이   이종순
펴낸이   김철종
펴낸곳   (주)한언
         등록번호 제1-128호 / 등록일자 1983. 9. 30
주 소   서울시 마포구 신수동 63-14 구 프라자 6층(우 121-854)
         TEL. 02-701-6616(대) / FAX. 02-701-4449
책임편집   양춘미 cmyang@haneon.com
디자인   양진규 jkyang@haneon.com
일러스트   김신애 sakim@haneon.com
홈페이지   **www.haneon.com**
e-mail   haneon@haneon.com

ISBN 89-5596-374-2 44320
ISBN 89-5596-329-7 44320(세트)

너는 꿈을 어떻게 이룰래? **6**

한계돌파 사고

꿈꾸는 아이들에게는
지식을 선물할 것이 아니라
지혜를 선물해야 합니다.

어린이들에게 지혜의 문을 열어주자

이 책은 왜 출간되었는가?

오늘날처럼 급변하는 시대에 전통적인 교육 시스템은 새로운 욕구를 만족시키지 못하는 경우가 많다. 일상생활에서 반드시 필요한 시간관리, 금전관리, 인간관계, 목표설정, 리더십, 문제해결 능력 등은 전통적인 교육방식으로는 배울 수 없는 것들이다. 《너는 꿈을 어떻게 이룰래?》시리즈는 바로 이러한 문제인식에서 출발하여 출간되었다. 이 시리즈는 동시대와 호흡하고 있는 여러 분야의 대가들의 지혜를 모델로 삼았으며, 그들의 사고방식(Thinking Model)을 재미있는 이야기로 엮었다. 또한 다양한 심리학적 지식을 참고하고 그 방법을 적용하여 학생들의 이해력을 돕고자 노력했다.

이 책은 누구를 위한 것인가?

이 책은 초등학교 4학년부터 중학교 3학년(약 9~15세) 학생들이 앞으로 인생을 살아가는 데 꼭 필요한 인성을 익힐 수 있도록 집필되었다. 만약 어린 학생이 이 책을 본다면 선생님과 부모님들은 그들의 이해 수준에 따라 적절한 설명을 곁들여야 효과가 클 것이다. 연습문제는 그대로 따라 풀 수 있도록 구성하였다. 물론 이 책은 성인들에게도 도움이 된다고 생각한다. 다만, 어린이들은 사물에 호기심이 많고 이해가 빠르기 때문에 사고방식 훈련에 더욱 좋은 효과가 있으리라 생각한다.

선생님과 부모님들은 이 책을 어떻게 활용해야 할까?

선생님과 부모님들은 먼저 지문의 요점을 이해한 다음, 아이들에게 설명하고 연습문제를 풀게 한다. 또 선생님과 부모님은 아이들의 인성교육에 있어 훌륭한 조언자이기 때문에 그들의 모범이 되어야 하며, 자신의 경험에 비추어 학생들과 함께 답안을 작성하고 느낀 점에 대해 토론해야 한다. 이 과정에서 학생들의 다양한 생각을 북돋워주고, 그 사고방식이 학생들의 생활에 소중한 가치관으로 자리 잡게 하며 이를 습관화하도록 도와준다. 그럼으로써 어른들은 자신의 삶을 되돌아볼 수 있고, 아이들의 인생은 보다 풍요롭고 행복해질 것이다.

이 책은 정답이 없다!

책 뒷부분에 제시된 답안은 학생들의 올바른 사고방식과 가치관 형성을 돕고자 하는 참고답안일 뿐 정답이 아니라는 점을 말해두고 싶다. 다양한 사고방식과 개인의 견해 차이를 인정해야 하기 때문이다. 참고답안에 얽매이기보다는 자유로운 토론과 사고를 통해 온전히 자신의 지혜로 만들기 바란다.

죽은 지식과 살아 있는 지혜

초등학교를 졸업할 때쯤 아이들의 신체조건, 지적 수준, 사고 능력은 거의 비슷하다고 할 수 있다. 그러나 오랜 세월이 지난 후 그 결과는 사뭇 다르다. 아마도 이러한 결과를 운의 몫으로 돌리는 사람도 있을 것이다. 어떤 사람들은 운이 따르지 않아서 성공할 수 없었고, 어떤 사람들은 운 좋게 귀인을 만나 성공했다고 생각할 수도 있다. 그렇다면 행운 외에 다른 이유는 없는 것일까? 한 학년의 학업을 마쳤다는 것은 학교에서 배운 지식과 능력이 다른 사람과 별 차이가 없다는 것을 의미한다. 그런데 왜 일부분의 사람들만 배운 지식을 자유자재로 활용할 수 있을까? 그것은 그들에게 또 다른 살아있는 지혜가 있기 때문이다.

지식사회에서 살고 있는 우리는 그 어느 때보다 지식에 대한 욕구가 간절하다. 우리는 반드시 이전보다 더 치열하게 학습하고 많은 시간을 투자해야 한다. 예를 들면 대학을 졸업하고 나서도 전공 관련 자격증을 취득하거나 앞으로 생계유지에 필요한 전문기술을 배워야 한다. 기초적인 전문기술이 우리의 경쟁력을 높여주고, 생계유지 차원에서 도움이 된다는 것은 의심할 여지가 없다. 그러나 이런 '죽은 지식'을 자유자재로 활용하려면 반드시 '산지식'을 자유자재로 활용할 수 있는 능력이 필요하다. 그렇다면 '산지식'을 활용할 수 있는 능력이란 무엇인가?

유명한 미래학자 존 나이스비트 *John Naisbitt*는 지식사회에서 다음과 같은 네 가지 기능을 습득해야 한다고 말한다. 그것은 바로 공부하는 방법, 생각하는 방법, 창조하는 방법, 교제하는 방법이다.

같은 분야의 전문 자격증을 취득한 엔지니어 두 명이 있었다. 그중 A라는 사람은 공부하는 방법을 알고 있었기 때문에 급속하게 변화하는 시장의 요구에 맞춰 신제품 관련 지식을 파악할 수 있었고, 사람들과 교제하는 방법과 표현능력이 뛰어났기 때문에 더 많은 주문을 받을 수 있었다. 또한 창의적인 사고방식을 가지고 있어서 어려운 문제에 봉착했을 때 빠르고 쉽게 해결할 수 있었다. 그리고 과거를 반성하고 미래를 예측할 수 있는 혜안 덕분에 더욱 많은 기회를 잡을 수 있었다. 그러나 B라는 사람은 A처럼 그렇지 못했기 때문에 그에 비해 성공적인 삶을 살지 못했다.

죽은 지식과 산지식 사이에는 다음과 같은 차이점이 있다.

*죽은 지식은 쉽게 시대에 뒤떨어지고 새로운 지식에 자리를 내주지만, 산지식은 평생 활용이 가능하다.
*죽은 지식을 습득하는 데는 많은 시간이 필요하지만, 산지식은 짧은 시간 안에 쉽게 배울 수 있다. 그러나 산지식을 이해할 수도 인정할 수도 없는 사람들은 평생 걸려도 배우지 못한다.
*죽은 지식은 일반적으로 학교에서 교과과정을 통해 배울 수 있지만, 산지식은 언제 어디서나 정해진 틀에 얽매이지 않고 배울 수 있다.
*죽은 지식은 평가가 가능하지만, 산지식은 정확하게 평가하기가 어렵고 긴 시간이 지나야 그 결과를 통해 알 수 있다. 그러나 확실하게 산지식을 배울 수 있다면 그 효과는 굉장하다.

성공한 사람들의 공통점이 있다면 그들은 산지식의 소유자라는 것이다. 리앙즈웬 선생이 쓴《너는 꿈을 어떻게 이룰래?》시리즈는 바로 세계적인 교육의 새로운 흐름에 따라 집필된 '산지식' 이라 하겠다. 이 시리즈는 지식사회가 요구하는 인재육성을 위한 훌륭한 교과서다. 이 책의 특징은 어려운 문장은 피하고, 간결하고 정확한 언어를 사용했다는 점이다. 연습문제를 통해 학생들이 쉽게 이해하고, 그

숨은 뜻을 바로 습득할 수 있도록 구성했다. 즉, 이 책에서 제기된 많은 지식들은 사람들이 평생 배워도 체계적으로 터득하기 어려운 산지식이라고 자신 있게 말할 수 있다. 아이들이 이 시리즈를 통해 평생 사는 데 도움이 되는 훌륭한 지혜들을 얻기 바란다.

―존 라우 《너는 꿈을 어떻게 이룰래?》 시리즈 고문

큰 목표가 있다면 어떠한 어려움도 두렵지 않다

참신한 아이디어는 알고 있던 지식에서만 나오는 것은 아니다. 어떤 경우에는 알고 있던 지식이 새로운 아이디어가 떠오르는 걸 막기도 한다.

—에드워드 드 보노 *Edward de Bono*

인생을 살아가다보면 많은 문제들에 부딪치게 된다. 여러 명이 모여서 한 가지 문제를 두고 고민하고 있을 때, 누군가는 기발한 해결방법을 내기도 한다. 그 사람은 어떻게 남들이 상상할 수 없는 아이디어를 낸 것일까?

우리는 기존에 가지고 있던 생각들로 일을 처리하고 문제의 답을 찾는다. 심리학자들은 이러한 태도를 '수직사고법' 이라고 한다. 같은 문제라 할지라도 여러 가지 답이 있을 수 있다. 그러므로 수직사고법을 이용하면 기존의 지식이나 경험을 떠올리며 문제를 해결하기 때문에 발전이 없다.

아이들에게 여러 방면으로 생각할 수 있는 능력을 키워주기 위해 에드워드 드보노의 방법을 참고하여 이 책을 만들었다. 이 책을 통해 생생하고 재미있게 다음 네 가지를 가르쳐주고자 한다.

* 어떻게 생각하면 되지?
* 가지고 있던 지식과 경험을 거꾸로 사용하자!
* 어려움에서 벗어날 수 있는 생각은 무엇일까?
* 고정관념 탈출하기

그리하여 많은 아이들이 이 책을 읽고 복잡하고 다양한 세계를 만났을 때, 잘 대처하기를 바란다.

차례

한계돌파 사고란?

컴퓨터시스템 연구에 오랜 시간을 투자하는 사람은 많지만, 인간의 두뇌시스템 연구에 신경을 쓰는 사람은 별로 없다.

– 에드워드 드 보노 *Edward de Bono*

한계돌파 사고란 상식적으로 생각하지 않는 것이다. 즉 기존의 고정관념에서 벗어나 생각하는 방법이다. 얼핏 보면 엉뚱하고 비합리적일 것 같지만 무엇보다 열린 사고방식이 바로 한계돌파 사고다.

1 우리는 어떻게 사고하고 있을까?

인간의 대뇌는 학습을 통해서 입력된 많은 정보들을 단단하게 고정시킵니다. 그래서 비슷한 상황을 만나면 고정되어 있던 그 정보를 꺼내서 생각하는 거예요. 예를 들어 과자를 고를 때나 친구와 인사할 때, 횡단보도를 건너거나 편지를 쓸 때도 예전에 사용했던 방법을 생각해내고는 자동으로 행동하지요. 그러한 생각들은 오랜 시간에 걸쳐 쌓인 것이라 변화하기가 어렵습니다. 하지만 우리는 그런 태도를 바꿔서, 모험심이나 창의력이 자유롭게 생기도록 해야 돼요. 어른들은 새로운 사물을 대하기가 어렵다고 하잖아요? 그 이유 역시 어른들이 고정된 생각을 많이 하고 있기 때문입니다. 그러므로 '최대의 적은 우리 안에 있다'라는 말처럼 우리 안에 있는 최대의 적인 굳어진 생각들을 버려야 하는 거예요.

01 한계돌파 사고의 특징은 무엇인가요?

☐ 가. 기존의 황당한 생각에서 벗어나는 것이다.

☐ 나. 기존의 고정관념에서 벗어나는 것이다.

☐ 다. 기존의 고정관념을 유지하는 것이다.

☐ 라. 기존의 참신한 생각에서 벗어나는 것이다.

02 얼핏 보면 한계돌파 사고는 어떻게 느껴지나요?

☐ 가. 엉뚱하고 비합리적인 것 같다.

☐ 나. 엉뚱하지만 합리적인 것이다.

☐ 다. 엉뚱하지만 조금은 합리적이다.

☐ 라. 엉뚱하지만 매우 합리적이다.

03 평소 우리의 대뇌는 문제가 발생하면 어떻게 하나요?

☐ 가. 지시를 기다린다.

☐ 나. 내버려둔다.

☐ 다. 단계별로 나누어 처리한다.

☐ 라. 자동으로 처리한다.

04 오랜 시간 동안 우리의 머릿속에 형성된 고정관념은 어떠한가요?

☐ 가. 변하기 어렵다.

☐ 나. 다른 생각으로 변한다.

☐ 다. 전혀 변할 수 없다.

☐ 라. 쉽게 변할 수 있다.

05 고정된 생각들은 우리에게 어떤 영향을 주나요?

☐ 가. 우리의 모험심과 창의력을 발전시킨다.

☐ 나. 우리의 모험심과 창의력이 발생하는 것을 막는다.

□다. 다른 사람의 모험심과 창의력이 발생하는 것을 막는다.

□라. 다른 사람의 모험심과 창의력을 발전시킨다.

06 다음 중 어떤 사람들이 새로운 사물을 대하기가 어렵다고 했나요?

□가. 외국인

□나. 소년

□다. 청년

□라. 어른

07 우리에게 최대의 적은 누구인가요?

□가. 형제

□나. 부모

□다. 자신

□라. 여동생

08 우리의 발전을 막고 있는 것은 무엇인가요?

□가. 기존의 사고방식

□나. 기존의 대화방식

□다. 기존의 행동방식

□라. 기존의 작업방식

09 다음 중 어느 방법이 어려움을 해결하는 데 도움을 주나요?

□가. 몸을 건강하게 만든다.

□나. 웃는 얼굴로 지낸다.

□다. 생각하는 방법을 바꾼다.

□라. 생활을 변화시킨다.

10 우리는 주변에서 일어나는 일들을 어떻게 해결하나요?

    □ 가. 부모님의 사고방식에 따라

    □ 나. 자신의 사고방식에 따라

    □ 다. 친구들의 사고방식에 따라

    □ 라. 형제들의 사고방식에 따라

11 만약 시험성적이 잘 나오지 않았을 때, 여러분은 어떤 생각을 하게 되나요?

_____

_____

12 여러분이 공부 이외에 잘 하는 것은 무엇인지 써보세요.

_____

_____

2 기존의 지식과 경험

    미국의 유명한 학자가 했던 실험을 소개해줄게요. 꿀벌과 파리를 각각 유리병에 넣어서 병 밑바닥까지 태양빛이 들어오도록 창문에 비스듬히 눕혀 놓았습니다. 그런 다음 병마개를 열고 관찰하였죠. 결과는 어떻게 나왔을까요? 꿀벌은 병의 밑바닥에서 출구를 찾다가 결국 죽었습니다. 그들은 '태양빛이 가장 많은 곳에 출구가 있었다'는 기존의 경험만을 생각한 것이죠. 즉 꿀벌은 기존의 사고방식 때문에 죽었던 거예요. 하지만 파리는 2분이 채 되지 않아 병을 탈출했어요. 파리는 기존의 경험과는 상관없이 날아다니기 때문이었죠. 정해진 방향이 없이 여기저기 날아다니다 병의 출구를 쉽게 찾았던 거예요. 이 실험은 기존의 지식과 경험이 우리에게 큰 영향을 줄 수 있다는 사실을 잘 보여줍니다.

01 꿀벌은 기존의 경험에서 무엇을 배웠나요?

☐ 가. 출구는 태양빛이 적은 곳에 있다.

☐ 나. 출구는 태양빛이 많은 곳에 있다.

☐ 다. 출구는 태양빛이 많은 곳에 없다.

☐ 라. 출구와 태양빛은 상관없다.

02 어려움에 빠졌을 때 꿀벌은 어떻게 문제를 해결하나요?

☐ 가. 기존의 경험에 따라 생각하고 행동을 반복한다.

☐ 나. 기존의 경험에 따라 생각하고 행동을 바꾼다.

☐ 다. 기존의 경험에 따라서 황당한 행동을 반복한다.

☐ 라. 기존의 경험에 따라서 황당한 행동으로 바꾼다.

03 꿀벌은 무엇 때문에 죽었나요?

☐ 가. 파리의 경험 때문에

☐ 나. 기존의 지식 때문에

☐ 다. 파리의 지식 때문에

☐ 라. 새로운 지식 때문에

04 파리가 병을 탈출하는 데 걸린 시간은 얼마인가요?

☐ 가. 2분이 채 안 된다.

☐ 나. 4분이 채 안 된다.

☐ 다. 6분이 채 안 된다.

☐ 라. 8분이 채 안 된다.

05 파리는 어떻게 탈출에 성공할 수 있었나요?

    □ 가. 기존의 경험에만 의존하여 새로운 시도를 하지 않았기 때문에

    □ 나. 기존의 경험에 의존하지 않고 새로운 시도를 하지 않았기 때문에

    □ 다. 기존의 경험에만 의존하여 과감하게 새로운 시도를 하였기 때문에

    □ 라. 기존의 경험에 의존하지 않고 과감하게 새로운 시도를 하였기 때문에

06 위 실험을 통해 무엇을 배웠나요? (정답을 모두 고르세요)

    □ 가. 일처리는 반드시 기존의 경험에 의존해야 한다.

    □ 나. 일처리는 논리에 어긋나면 안 된다.

    □ 다. 고정관념을 과감하게 버리고 새로운 도전을 해야 한다.

    □ 라. 기존의 지식과 경험이 새로운 발전에 방해가 되기도 한다.

    □ 마. 모험심과 도전정신, 실패를 두려워하지 않는 정신은 어떠한 일을 만나더라도 대처할 수 있도록 도와준다.

    □ 바. 성공과 실패는 간단한 생각의 차이로 뒤바뀐다.

3 고정관념 깨기

    옛날 영국의 한 상인이 사업에 실패하여 빌린 돈을 갚을 수 없게 되었어요. 돈을 빌려줬던 사람은 빚 대신 딸을 자신의 첩으로 보내라고 했었죠. 악덕했던 그 채권자(돈을 빌려준 사람)는 딸이 스스로 운명을 고를 수 있는 기회를 주자고 제안했습니다. 그것은 자루에 검은색 돌 하나와 흰색 돌 하나를 넣은 다음 자루에서 돌을 꺼내라는 거였죠. 만약 꺼낸 돌이 흰색이면 첩으로 오지 않아도 될 뿐 아니라 빚을 갚지 않아도 된다고 했어요. 하지만 꺼낸 돌이 검은색이면 두말없이 첩으로 가야만 했습니다. 그리고 만약 딸이 제안을 거절한다면 상인은 채권자의 집에서 힘든 일을 하면서 빚을 갚아야 한다고 했어요. 이미 몸도 약하고 나이도 많은 그 상인은 어쩔 수 없이 그 제안을 받아들였습니다. 그리하여 그들은 자갈돌이 많은 뒷마당으로 갔습니다. 채권자는 재빨리 돌 두 개를 자루에 담았어요. 순간 딸은 자루에 넣은 돌 두 개가 모두 검은색인 것을 보았죠. 교활한 채권자는 딸에게 빨리 고르라고 독촉했습니다.

01 만약 여러분이 상인의 딸이라면 어떻게 하겠어요?

□ 가. 제안을 거절한다.

□ 나. 자루 속의 돌이 둘 다 검은색이라며 채권자의 비리를 폭로한다.

□ 다. 어쩔 수 없이 돌을 고르며 아버지를 위해 자신을 희생한다.

□ 라. 자루에 손을 넣어 돌을 꺼내면서 일부러 자갈이 많은 바닥에 떨어뜨려 구분할 수 없게 한다.

02 위와 같은 대답을 고른 이유는 무엇인가요?

___

4 한계돌파 사고와 논리사고

논리사고는 고대 그리스인들로부터 발전된 사고방식으로 '수직사고'라고도 합니다. 수직사고란 이미 알고 있는 지식과 이론, 경험을 바탕으로 마치 수직방향처럼 일정한 흐름으로 문제를 분석하고 해결하는 방법이에요. 예를 들면 통조림의 뚜껑을 열고자 할 때 우리는 아래와 같이 행동을 하죠?

주방에 들어간다 → 통조림 따개가 있는 서랍을 찾는다 → 서랍을 연다 → 따개를 꺼낸다 → 따개로 뚜껑을 연다

한계돌파 사고는 기존의 사고방식이 아닌 새로운 방식으로 문제해결의 실마리를 찾는 것이기 때문에 사고의 진행방향은 수평입니다. 예를 들어 위와 같이 통조림을 먹고자 할 경우, 식품가게에 가서 통조림 안에 든 음식과 같은 식품을 사는 겁니다. 혹은 친척집에 가서 그것을 먹을 수도 있겠죠. 따개를 찾는 것 외에도 여러 가지 생각을 할 수 있어요. 이처럼 한계돌파 사고와 논리사고의 진행방향은 완전히 다르지만 이 둘은 서로 없어서는 안 되는 상호 보완적 관계랍니다.

01 논리사고는 고대의 어느 민족으로부터 발전된 건가요?

  □ 가. 인도인

  □ 나. 그리스인

  □ 다. 중국인

  □ 라. 이집트인

02 논리사고란 무슨 사고로도 불리나요?

  □ 가. 수직사고

  □ 나. 수평사고

  □ 다. 곡선사고

  □ 라. 평행사고

03 논리사고는 무엇을 바탕으로 하나요?

  □ 가. 이미 알고 있는 이론, 창의적인 생각과 경험

  □ 나. 모르는 이론, 창의적인 생각과 경험

  □ 다. 이미 알고 있는 이론, 기존의 지식과 경험

  □ 라. 모르는 이론, 기존의 지식과 경험

04 논리사고의 진행방향은 무엇인가요?

  □ 가. 변화가 가능하다는 생각을 하며 수평방향으로 문제를 분석하고 해결한다.

  □ 나. 변화가 가능하다는 생각을 하며 수직방향으로 문제를 분석하고 해결한다.

  □ 다. 일정한 생각을 하며 수평방향으로 문제를 분석하고 해결한다.

  □ 라. 일정한 생각을 하며 수직방향으로 문제를 분석하고 해결한다.

05 수직사고로 통조림을 여는 방법은 무엇인가요?

   □가. 주방에 들어간다 → 서랍을 찾는다 → 서랍을 연다 → 따개를 꺼낸다 →
      통조림을 연다

   □나. 주방에 들어간다 → 서랍을 연다 → 따개를 꺼낸다 → 서랍을 찾는다 →
      통조림을 연다

   □다. 주방에 들어간다 → 따개를 꺼낸다 → 서랍을 찾는다 → 서랍을 연다 →
      통조림을 연다

   □라. 주방에 들어간다 → 따개를 꺼낸다 → 서랍을 연다 → 서랍을 찾는다 →
      통조림을 연다

06 한계돌파 사고의 진행방향은 어떠한가요?

   □가. 수평방향

   □나. 수직방향

   □다. 역방향

   □라. 일정한 방향이 없다.

07 한계돌파 사고의 장점은 무엇인가요?

   □가. 기존 사고방식의 틀을 벗어나, 기존의 시각으로 문제를 해결한다.

   □나. 새로운 사고방식의 틀을 벗어나, 기존의 시각으로 문제를 해결한다.

   □다. 새로운 사고방식의 틀을 벗어나, 새로운 시각으로 문제를 해결한다.

   □라. 기존 사고방식의 틀을 벗어나, 새로운 시각으로 문제를 해결한다.

08 한계돌파 사고와 논리사고는 어떤 존재일까요?

   □가. 그리 중요하지 않다.

   □나. 아무런 역할도 하지 않는다.

   □다. 없어서는 안 된다.

   □라. 있어도 되고, 없어도 된다.

09 한계돌파 사고와 논리사고는 서로 어떤 관계인가요?

   □ 가. 어떠한 작용도 없다.

   □ 나. 상호보완적이다.

   □ 다. 서로 깎아내린다.

   □ 라. 상관없다.

5 한계돌파 사고와 논리사고의 구별

다음의 생각은 어떤 사고인지 살펴봅시다.

01 누에고치에서 실을 뽑는다고 생각해요.

   □ 가. 논리사고   □ 나. 한계돌파 사고

02 오래된 생각에서 벗어나야죠.

   □ 가. 논리사고   □ 나. 한계돌파 사고

03 한 구멍을 깊이 뚫을 생각이에요.

   □ 가. 논리사고   □ 나. 한계돌파 사고

04 여러 개의 구멍을 뚫을 거예요.

   □ 가. 논리사고   □ 나. 한계돌파 사고

05 순서에 따라 일을 진행해요.

   □ 가. 논리사고   □ 나. 한계돌파 사고

06 도전적으로 행동하고 넓게 생각해요.

　□ 가. 논리사고　　　　□ 나. 한계돌파 사고

07 생각에 제한을 두지 않아요.

　□ 가. 논리사고　　　　□ 나. 한계돌파 사고

08 정해진 순서를 정확히 지켜 실수가 없도록 해야죠.

　□ 가. 논리사고　　　　□ 나. 한계돌파 사고

09 정해진 순서보다는 나만의 방식대로 한번 해보는 거죠.

　□ 가. 논리사고　　　　□ 나. 한계돌파 사고

10 새로운 아이디어가 많이 생겨요.

　□ 가. 논리사고　　　　□ 나. 한계돌파 사고

11 순서가 빈틈없고 합리적이길 원해요.

　□ 가. 논리사고　　　　□ 나. 한계돌파 사고

12 거꾸로 생각해요.

　□ 가. 논리사고　　　　□ 나. 한계돌파 사고

13 합리적이지 않게 보이더라도 한번 시도해봐요.

　□ 가. 논리사고　　　　□ 나. 한계돌파 사고

14 '도대체 이게 뭐지?'라며 한 가지만 생각해요.

☐ 가. 논리사고　　　　☐ 나. 한계돌파 사고

15 사물을 보면 호기심이 많이 생겨요.

☐ 가. 논리사고　　　　☐ 나. 한계돌파 사고

16 우습거나 실제로 맞지 않는 생각을 할 때가 있어요.

☐ 가. 논리사고　　　　☐ 나. 한계돌파 사고

17 세부적으로 꼼꼼히 검사할 거예요.

☐ 가. 논리사고　　　　☐ 나. 한계돌파 사고

18 한 걸음씩 이동해요.

☐ 가. 논리사고　　　　☐ 나. 한계돌파 사고

19 전통적인 문화의 틀을 깰 겁니다.

☐ 가. 논리사고　　　　☐ 나. 한계돌파 사고

20 진행 순서에는 신경을 쓰지 않아요.

☐ 가. 논리사고　　　　☐ 나. 한계돌파 사고

21 카드를 종류별로 정리하지 않아요.

☐ 가. 논리사고　　　　☐ 나. 한계돌파 사고

22 문을 열면 바로 옆에 전구와 스위치가 있어야 해요.

　　□가. 논리사고　　　　□나. 한계돌파 사고

23 정해진 방향에 따라 이동해요.

　　□가. 논리사고　　　　□나. 한계돌파 사고

24 스스로 방향을 만들며 이동해요.

　　□가. 논리사고　　　　□나. 한계돌파 사고

25 반드시 순서에 맞춰 수정해요.

　　□가. 논리사고　　　　□나. 한계돌파 사고

26 관련이 없는 내용은 빼버릴 거예요.

　　□가. 논리사고　　　　□나. 한계돌파 사고

27 가장 가능성이 있어 보이는 방법을 선택해요.

　　□가. 논리사고　　　　□나. 한계돌파 사고

28 가능해 보이지 않더라도 계속 연구해요.

　　□가. 논리사고　　　　□나. 한계돌파 사고

29 반드시 '틀림'과 '맞음'으로 평가해요.

　　□가. 논리사고　　　　□나. 한계돌파 사고

30 논리적인 분석을 해야 해요.

    ☐ 가. 논리사고   ☐ 나. 한계돌파 사고

31 마치 큰 빌딩을 짓는 것처럼 돌을 하나씩 쌓아요.

    ☐ 가. 논리사고   ☐ 나. 한계돌파 사고

32 반드시 연관성이 있어야 해요.

    ☐ 가. 논리사고   ☐ 나. 한계돌파 사고

33 연관성이 없더라도 괜찮아요.

    ☐ 가. 논리사고   ☐ 나. 한계돌파 사고

34 틀린 개념으로 시작한다면 영원히 정답을 얻을 수 없어요.

    ☐ 가. 논리사고   ☐ 나. 한계돌파 사고

🚌 제 1과 학습 포인트

✓ 한계돌파 사고란 기존의 고정관념에서 벗어나는 생각으로, 얼핏 보면 엉뚱하고 합리적이지 않은 것 같은 사고방식이다.

✓ 논리사고란 이미 알고 있는 이론과 지식, 경험을 판단기준으로 삼는 사고방식이다.

✓ 우리 머릿속에 오랜 시간 동안 고정되었던 생각은 변하기 어렵다.

✓ 고정되어 있는 자신의 사고방식을 바꿔야 미래를 바꿀 수 있다.

✓ 기존의 지식과 경험은 우리의 발전을 막는 요소가 될 수 있다.

한계돌파 사고 활용하기

두뇌는 바뀔 수 있다. 바뀌는 과정을 바로 '사고' 라고 한다.

— 에드워드 드 보노 *Edward de bono*

다음 문제는 여러 가지 답이 있을 수 있어요. 자신만의 생각을 써보세요.

01 아버지는 자신의 직업을 너무나 사랑했지만, 상사와 잘 맞지 않아서 직업을 그만두지 않으면 안 되는 상황에 처해 있어요. 여러분은 어떻게 아버지를 도와드릴 수 있을까요?

_____

02 처칠이 영국수상을 하고 있을 때, 한 여성 국회의원이 의석에서 그를 욕하며 말했어요. "만약 내가 당신의 부인이라면 나는 반드시 당신이 마시는 커피에 독약을 넣을 거야." 만약 여러분이 처칠이라면 이 여성에게 뭐라고 대답할 건가요?

_____

03 R과 T를 어느 조에 배치하는 게 좋을까요? (힌트 : 알파벳의 모양을 잘 살펴보세요)

1조: A E F H I

2조: B C D G J

_____

04 아래의 플라스틱 장난감 숫자를 변형시켜 정확한 식으로 만들어보세요.

(힌트 : 숫자를 입체도형으로 보세요)

18-14=2

05 어떻게 하면 종이 위에 그려져 있는 원을 작게 만들 수 있을까요? 단, 어떠한 도구도 쓸 수 없어요.(힌트 : 그림을 입체도형으로 만들어보세요)

06 다음 종이에서 A점에서 J점까지 하나의 직선으로 어떻게 하면 도달할 수 있을까요? 단, 다른 선을 가로질러서는 안 되고 원래의 점 역시 넘어서는 안 됩니다.

(힌트 : 원형으로 된 입체로 만들어 생각하세요)

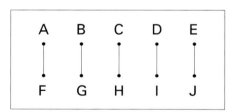

07 어머니께서 달걀 3개를 마룻바닥에 놓았습니다. 남동생은 마루에서 농구공으로 '공 튀기기' 놀이를 하고 있었어요. 신기하게도 달걀은 하나도 깨지지 않았습니다. 어떻게 그럴 수 있었을까요? 단, 달걀은 용기에 담겨 있지 않습니다.

_____

_____

_____

CHAPTER 2

08 무게가 2t이나 되는 커다란 바위 하나와 무게가 100kg 정도 되는 돌 4개가 있었
어요. 어떻게 하면 작은 돌이 깨지지 않고, 그 위에 큰 바위를 올려놓을 수 있을
까요?

_____

_____

_____

한계돌파 사고 방법1 : 대체법

만약 지금 유정(석유를 뽑아내기 위해 땅을 판 우물)에 석유가 없다면 더 깊이 파는 것은 시간낭비일 뿐이다.

– 에드워드 드 보노 *Edward de Bono*

한계돌파 사고는 고정관념에서 벗어나 끊임없이 새로운 방법을 만들고, 하나의 선택이 아니라 다양한 선택을 하는 것이다. 우리가 중요하게 생각할 점은 가장 옳은 방법을 찾기보다 다양한 방법을 찾는 것이다. 즉 실용적인 것보다 새롭고 독특한 것이 더욱 중요하다. 이런 문제해결법이 얼핏 보기에는 실용적이지 않더라도, 결국엔 훨씬 더 실용적이라는 사실을 깨닫게 될 것이다.

1 대체법이란?

대체법(Alternatives)은 기존의 방법 대신에 다른 방법으로 문제를 해결하는 것이에요. 우리는 다른 방법이 있다는 것을 인정해야 합니다. 물론 문제해결의 목적 또한 이해해야 되고요. 그렇게 되려면 서로 다른 관점에서 사물을 관찰할 줄 알아야겠죠? 이런 습관이 생기면 아무리 작은 문제라도 여러 가지 다양한 방법이 보일 거예요. 예를 들어 통조림 뚜껑을 열어야 하는 이유는 배불리 먹기 위해서잖아요? 하지만 우리는 통조림이 아닌 다른 음식을 먹을 수도 있어요. 즉 배불리 먹기 위해서는 다른 방법도 많은 거죠. 그러므로 대체법은 이렇게 다른 방안을 생각함으로써 문제를 해결하고 사물을 보며, 이해하고, 해석하는 거예요.

01 한계돌파 사고에서 가장 중요한 점은 무엇인가요?

　□가. 효과적이고 실용적인 방법을 많이 찾는 데 있다.

　□나. 새롭고 독특한 방법을 많이 찾는 데 있다.

　□다. 가장 좋거나 유용한 방법을 많이 찾는 데 있다.

　□라. 유용하고도 효과적인 방법을 많이 찾는 데 있다.

02 한계돌파 사고는 실용적이지 않게 보이지만 결국엔 어떤 결과를 가져오나요?

　□가. 실용적인 방법을 더 많이 가져온다.

　□나. 신기한 방법을 더 많이 가져온다.

　□다. 독특한 방법을 더 많이 가져온다.

　□라. 새로운 방법을 더 많이 가져온다.

03 대체법이란 무엇일까요?

　□가. 다른 방법으로 문제를 포기하는 것이다.

　□나. 다른 방법으로 문제를 해결하는 것이다.

　□다. 다른 방법으로 문제를 멀리하는 것이다.

　□라. 다른 방법으로 문제를 분석하는 것이다.

04 대체법을 성공적으로 활용하려면 반드시 어떻게 해야 할까요?

　□가. 신기한 방법이 있다는 것을 믿어서는 안 된다.

　□나. 다른 방법이 있다는 것을 인정하면 안 된다.

　□다. 다른 방법이 있다는 것을 인정해야 한다.

　□라. 상반되는 방법이 있다는 것을 무시해야 한다.

05 대체법을 활용하면서 꼭 기억해야 할 중요한 절차 중 하나는 무엇인가요?

□ 가. 해결한 뒤의 효과를 알고 있어야 한다.

□ 나. 해결할 수 있는 원동력을 알아야 한다.

□ 다. 문제가 생긴 원인을 알아야 한다.

□ 라. 다른 방법을 사용하는 목적을 이해해야 한다.

06 우리는 많은 아이디어를 내기 위하여 사물을 어떻게 관찰해야 할까요?

□ 가. 무조건 정반대의 관점으로

□ 나. 다른 관점으로

□ 다. 같은 관점으로

□ 라. 비슷한 관점으로

07 대체법을 통해 생각하면 어떤 효과가 생기나요?

□ 가. 다른 사람들의 생각을 깊이 이해하고 확실히 알 수 있다.

□ 나. 다른 사람들의 생각을 오해하게 되지만 확실히 알 수 있다.

□ 다. 자신의 생각을 깊이 이해하고 확실히 알 수 있다.

□ 라. 자신의 생각을 오해하게 되지만 확실히 알 수 있다.

2 어떻게 바꿀 수 있을까?

01 책을 대신해서 지식을 가르쳐주는 것은 무엇이 있을까요?

_____

_____

02 유리컵을 대체할 수 있는 것은 무엇이 있을까요?

_____

_____

3 대체방안 찾기1 : 개를 기르는 목적

개를 기르는 목적은 애완동물, 마약단속, 맹인안내, 안전관리 등 여러 가지가 있죠?
다음의 대체방안을 선택했다면 개를 기르는 목적이 무엇이었는지 골라보세요.

01 고양이를 기르기로 했어요.
   □ 가. 애완동물
   □ 나. 안전관리
   □ 다. 마약단속
   □ 라. 맹인안내

02 전자 도난방지시스템을 설치할 겁니다.
   □ 가. 애완동물
   □ 나. 안전관리
   □ 다. 마약단속
   □ 라. 맹인안내

03 전자 마약단속 기계를 사용할 겁니다.
   □ 가. 애완동물
   □ 나. 안전관리
   □ 다. 마약단속
   □ 라. 맹인안내

04 나는 시각장애인이지만 친구의 도움으로 오랜만에 외출을 하게 되었어요.

- □ 가. 애완동물
- □ 나. 안전관리
- □ 다. 마약단속
- □ 라. 맹인안내

05 보디가드를 고용했어요.

- □ 가. 애완동물
- □ 나. 안전관리
- □ 다. 마약단속
- □ 라. 맹인안내

06 집 앞에 가로등을 설치했어요.

- □ 가. 애완동물
- □ 나. 안전관리
- □ 다. 마약단속
- □ 라. 맹인안내

07 금붕어를 기르기로 했어요.

- □ 가. 애완동물
- □ 나. 안전관리
- □ 다. 마약단속
- □ 라. 맹인안내

08 횡단보도의 신호등에서 나는 소리로 파란 불이 켜졌는지 알 수 있어요.

- □ 가. 애완동물
- □ 나. 안전관리

□다. 마약단속

□라. 맹인안내

09 이웃들이 힘을 합쳐 야간순찰대를 만들었어요.

□가. 애완용

□나. 안전관리

□다. 마약단속

□라. 맹인안내

4 대체방안 찾기2 : 학교의 쓰레기 문제

요즘 학생들이 쓰레기를 함부로 버려서 학교가 매우 지저분해졌어요. 그래서 선생님은 벌을 내리거나 칭찬을 하거나 지도 또는 감시를 하면서 문제를 해결했어요. 다음 대체방안은 어디에 해당하는지 골라보세요.

01 쓰레기를 함부로 버리는 학생에게 벌점을 줍니다.

□가. 벌

□나. 칭찬

□다. 지도

□라. 감시

02 선생님은 학생들에게 모범이 되도록 행동합니다.

□가. 벌

□나. 칭찬

□다. 지도

□라. 감시

03 쓰레기가 많은 곳에 무인 카메라를 설치합니다.

    □ 가. 벌

    □ 나. 칭찬

    □ 다. 지도

    □ 라. 감시

04 모둠별로 학교 주변에 쓰레기가 없나 살펴봅니다.

    □ 가. 벌

    □ 나. 칭찬

    □ 다. 지도

    □ 라. 감시

05 모둠별로 '깨끗이 청소하기' 시합을 합니다.

    □ 가. 벌

    □ 나. 칭찬

    □ 다. 지도

    □ 라. 감시

06 쓰레기를 버린 학생의 부모님께 그 사실을 알립니다.

    □ 가. 벌

    □ 나. 칭찬

    □ 다. 지도

    □ 라. 감시

07 청소를 가장 열심히 하는 '청소대장'을 뽑습니다.

    □ 가. 벌

    □ 나. 칭찬

□다. 지도

□라. 감시

08 청소의 중요성을 주제로 한 연극을 보여줍니다.

□가. 벌

□나. 칭찬

□다. 지도

□라. 감시

09 쓰레기를 버린 학생이 일주일간 혼자서 교실청소를 합니다.

□가. 벌

□나. 칭찬

□다. 지도

□라. 감시

10 쓰레기 버린 사람의 명단을 공개합니다.

□가. 벌

□나. 칭찬

□다. 지도

□라. 감시

11 청소에 관한 포스터를 교실 벽에 붙입니다.

□가. 벌

□나. 칭찬

□다. 지도

□라. 감시

12 쓰레기를 함부로 버리면 지구는 앞으로 어떻게 되는지 가르쳐줍니다.

- □ 가. 벌
- □ 나. 칭찬
- □ 다. 지도
- □ 라. 감시

13 쓰레기를 함부로 버리는 학생에게 '나는 앞으로 쓰레기를 버리지 않겠습니다' 는 반성문을 100번 쓰게 합니다.

- □ 가. 벌
- □ 나. 칭찬
- □ 다. 지도
- □ 라. 감시

14 교장선생님께서 청소를 가장 잘 한 반에 상을 줍니다.

- □ 가. 벌
- □ 나. 칭찬
- □ 다. 지도
- □ 라. 감시

15 학생들이 쓰레기를 함부로 버리는 친구를 감시합니다.

- □ 가. 벌
- □ 나. 칭찬
- □ 다. 지도
- □ 라. 감시

16 쓰레기를 처리하는 방법이 담긴 광고를 봅니다.

　□ 가. 벌

　□ 나. 칭찬

　□ 다. 지도

　□ 라. 감시

17 쓰레기 문제를 해결하기 위해 새로운 방법을 생각해보고, 학교에서 실행할 수 있는 것으로 적어보세요.

사용을 제한하는 방법

_____

_____

예방을 하는 방법

_____

_____

자율적인 방법

_____

_____

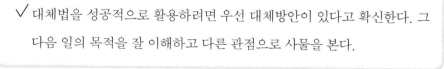

제 3과 학습 포인트

> ✓ 한계돌파 사고의 핵심은 새롭고 독특한 방법을 많이 찾는 것이다.
>
> ✓ 대체법이란 다른 방법으로 바꾸어 목표를 이루는 방법이다.
>
> ✓ 대체법을 성공적으로 활용하려면 우선 대체방안이 있다고 확신한다. 그 다음 일의 목적을 잘 이해하고 다른 관점으로 사물을 본다.

한계돌파 사고 연습1

다음 문제는 여러 가지 답이 있을 수 있어요. 자신만의 생각을 써보세요.

01 어느 주인이 정원사에게 네 그루의 나무를 심으라고 했어요. 단 한 그루만 다른 세 그루와 똑같은 거리에 심으라고 했어요. 정원사는 어떻게 하면 될까요?

(힌트 : 나무를 꼭 평지에 심어야 한다고 생각하지 마세요)

_____

_____

_____

02 아래의 5원짜리 동전의 모습을 바꿔서 식이 바르게 성립되도록 하세요.

CHAPTER 4

03 계산기 창에 다음과 같이 1296이라는 숫자가 표시됐어요. 계산기를 어떻게 하면 숫자가 큰 것부터 차례대로 나열될까요?(힌트 : 계산기의 자판을 눌러서 숫자를 바꿔야 한다고 생각하지 마세요)

04 아래의 숫자를 어떻게 배치하면 숫자 6이 될까요? (힌트 : 6이라는 의미를 지닌 것을 생각해보세요)

05 한 사람이 kg당 10원의 가격으로 밀가루를 구입하고 그것을 8원의 가격으로 팔았어요. 그는 결국 백만장자가 되었죠. 도대체 어떻게 된 일일까요?

_____

_____

06 어떻게 하면 아래에 있는 4m 길이의 나무판을 톱으로 자른 뒤 다시 붙여서 5m로 만들 수 있을까요?

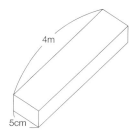

07 다음 두 개의 C를 어떻게 하면 하나의 H자로 만들 수 있을까요?

08 체중이 45kg인 여자가 작은 망치로 1t의 큰 돌을 두 동강이 냈어요. 어떻게 그렇게 할 수 있었을까요? (힌트 : 다른 도구나 기계를 사용할 수 없어요)

_____

_____

_____

한계돌파 사고 방법2 : 임의 단어 사용법

가장 논리적이고 정밀하며 세심한 연구방법이라 할지라도 새로운 것을 발견하기는 어렵다.

－에드워드 드 보노 *Edward de Bono*

인류의 역사를 보면 우연히 새로운 발명과 발견을 한 경우가 많다. 예를 들어 사과가 나무에서 떨어지는 현상을 본 뉴턴은 만유인력의 법칙을 발견할 수 있었다. 이런 우연한 사건에서 어떻게 위대한 결과가 나왔을까? 만약 우리의 사고가 이미 형성된 기존방식에만 얽매여 있다면 발전은 불가능하다. 하지만 우연한 사건들은 우리에게 고정된 생각을 깨뜨리는 자극이 된다. 순간적으로 기존의 관습에 벗어나고 새로운 아이디어가 떠오르는 것이다. 하지만 우리는 우연한 사건으로 획기적인 영감이 떠오르길 기다리기보다 어떠한 환경에 처해 있다고 가정하고 거기에서 새로운 아이디어를 얻어 문제를 돌파해보자.

1 임의 단어 사용법이란?

임의 단어 사용법은 어떠한 문제에 부딪쳤을 때, 임의(하고 싶은 대로 하는 것)로 단어들을 선택한 뒤 문제와 연결지어 새로운 뜻을 부여하는 거예요. 이것들은 특별한 조건 없이 임의로 선택한 단어라서 우리가 새로운 생각을 할 수 있도록 도와줍니다. 예를 들어 학교의 개교기념일 행사의 프로그램을 짜야 한다고 가정해보세요. 이때 '코'라는 단어를 선택하는 겁니다. 그러고는 개교기념일과 코를 연결시켜서 새로운 주제를 만들어내는 거죠. 어떤 결과가 나올까요? 개교기념일 행사에 전시된 작품에서 아름다운 향기가 날 수도 있겠죠?

01 만약 생각이 머릿속에 고정되어 있다면, 우리는 어떻게 행동할까요?

    □ 가. 돌파하고 창조한다.

    □ 나. 사람을 놀라게 한다.

    □ 다. 기존 규칙에 따른다.

    □ 라. 황당한 행동을 한다.

02 어떠한 사건들이 새로운 생각을 가질 수 있게 해줄까요?

    □ 가. 발생하지 않는 사건

    □ 나. 종종 발생하는 사건

    □ 다. 우연히 발생하는 사건

    □ 라. 매일 발생하는 사건

03 대뇌가 새로운 자극을 받으면 우리에게 어떤 영향을 줄까요?

    □ 가. 고정되어 있던 생각을 깨뜨린다.

    □ 나. 고정되어 있던 생각을 강화한다.

    □ 다. 고정되어 있던 생각을 유지한다.

    □ 라. 고정되어 있던 생각에 적응한다.

04 대뇌가 자극을 받고 얼마의 시간이 흘러야 새로운 아이디어가 떠오를까요?

    □ 가. 바로 당장

    □ 나. 오랜 시간 뒤

    □ 다. 하루 뒤

    □ 라. 아이디어가 떠오르지 않는다.

05 대뇌가 자극받도록 우리는 어떻게 해야 할까요?

　□ 가. 뜻밖의 사건이 나타나기를 무작정 기다린다.

　□ 나. 아무 일을 하지 않아도 된다.

　□ 다. 자신이 뜻밖의 환경을 만들도록 한다.

　□ 라. 자신이 뜻밖의 환경에 있다고 상상한다.

06 임의 단어 사용법은 무엇으로 새로운 자극을 만드나요?

　□ 가. 한자

　□ 나. 숫자

　□ 다. 단어

　□ 라. 기호

07 임의 단어 사용법은 새로운 자극이 될 단어를 어떻게 선택하나요?

　□ 가. 의도적으로 선택한다.

　□ 나. 임의로 선택한다.

　□ 다. 뜻을 알아본 뒤 선택한다.

　□ 라. 동의를 거쳐 선택한다.

08 임의 단어 사용법으로 만들어진 단어들은 어떤 영향을 주나요?

　□ 가. 새로운 사고를 포기하게 한다.

　□ 나. 새로운 사고를 이끌어내지 못한다.

　□ 다. 낡은 사고를 계속하게 한다.

　□ 라. 새로운 사고를 하도록 도와준다.

09 임의 단어 사용법으로 만들어진 단어를 어떻게 처리하면 좋을까요?

　　□ 가. 생각하고 있는 주제와 연결해서 낡은 개념으로 만든다.

　　□ 나. 생각하고 있는 주제와 연결해서 새로운 주제를 만든다.

　　□ 다. 생각하고 있는 주제와 연결해서 새로운 문장을 만든다.

　　□ 라. 생각하고 있는 주제와 연결해서 새로운 모델을 만든다.

2 어떻게 활용할 수 있을까?

　　먼저 사전에서 단어 하나를 고른 뒤, 눈을 감고 연필로 신문이나 잡지에 마음대로 동그라미를 그려봅니다. 그리고 사전에서 고른 단어와 가장 근접한 단어를 60개 정도 뽑으세요. 그러고는 시계를 보면서 초침이 32초를 가리키면 32번째 단어를 선택하는 거예요.

＊주의사항
- 명사를 선택하는 것이 형용사, 동사, 접속사 등을 선택하는 것보다 좋고 편리해요.
- 만약 여러분이 처음 선택한 단어가 익숙하지 않더라도 바로 다른 단어로 바꾸지 마세요. 그것 역시 여러분의 고정관념에서 나오는 행동이거든요.
- 임의 단어 사용법의 핵심은 문제해결보다 새로운 생각을 만드는 것이에요.
- 싫증을 느낄 수 있기 때문에 한 단어를 가지고 3분을 넘지 마세요.
- 동시에 두 개의 단어를 선택할 수 있어요.

01 우리는 사전에서 적절한 단어를 어떻게 찾으면 될까요?

　　□ 가. 자신이 알고 있는 단어를 선택한다.

　　□ 나. 자신 좋아하는 단어를 선택한다.

　　□ 다. 다른 사람과 관련이 있는 단어를 선택한다.

　　□ 라. 아무거나 선택한다.

02 시계의 초침을 선택의 기준으로 한다면 단어를 얼마나 준비해야 할까요?

☐ 가. 60개

☐ 나. 70개

☐ 다. 80개

☐ 라. 90개

03 어떤 유형의 단어가 임의 단어 사용법에 적절한가요?

☐ 가. 형용사

☐ 나. 동사

☐ 다. 명사

☐ 라. 접속사

04 임의 단어 사용법의 단어 선택 기준은 무엇인가요?

☐ 가. 쉬운 단어

☐ 나. 짧은 단어

☐ 다. 좋아하는 단어

☐ 라. 기준이 없다.

05 만약 자신에게 익숙한 단어와 문제를 연결한다면 어떤 효과가 있을까요?

☐ 가. 고정관념에서 벗어나기 어렵다.

☐ 나. 고정관념에서 쉽게 벗어날 수 있다.

☐ 다. 고정관념에서 자유로워진다.

☐ 라. 고정관념을 이해하게 된다.

06 임의 단어 사용법의 핵심은 무엇인가요?

　　□ 가. 문제해결

　　□ 나. 흐름 찾기

　　□ 다. 단어 선택

　　□ 라. 새로운 생각을 만들기

07 한 단어에만 오랫동안 머물러 있으면 어떻게 될까요?

　　□ 가. 방법이 없다.

　　□ 나. 지루하다.

　　□ 다. 흥분한다.

　　□ 라. 기쁘다.

08 단어 하나로 새로운 아이디어를 얻을 수 없다면 어떤 방법이 있을까요?

　　□ 가. 휴식을 취한 다음 다시 진행한다.

　　□ 나. 동시에 두 개의 단어를 선택한다.

　　□ 다. 즉시 다른 글자로 바꾼다.

　　□ 라. 그 글자의 뜻을 철저하게 파악한다.

09 임의 단어 사용법의 장점은 무엇인가요? (정답을 모두 고르세요)

　　□ 가. 쉽게 사용할 수 있다.

　　□ 나. 한 가지 생각에 몰두할 수 있다.

　　□ 다. 집중력을 키운다.

　　□ 라. 혼자 할 수 있다.

　　□ 마. 고정관념에서 벗어날 수 있다.

　　□ 바. 생각의 폭을 넓힐 수 있다.

3 임의 단어 사용법의 연습

01 글짓기를 하려고 하는데 무엇을 써야 할지 모르겠어요. 이것을 해결하기 위해 임의로 선택한 단어가 '낙하산' 입니다.

_____

_____

02 여러분이 운영하는 가게에 자주 도난사고가 일어나고 있어요. 이것을 해결하기 위해 임의로 선택한 단어가 '탁구공' 입니다.

_____

_____

03 새로운 모양의 케이크를 만들고 싶어요. 임의로 선택한 단어가 '창문' 입니다.

_____

_____

04 새로운 놀이를 만들어서 하려고요. 임의로 선택한 단어는 '풍선' 입니다.

_____

_____

05 오빠는 항상 저녁시간마다 텔레비전을 보기 때문에 공부하는 데 방해가 됩니다. 이것을 해결하기 위해 임의로 선택한 단어가 '공원' 이에요.

_____

_____

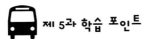 제 5과 학습 포인트

✓ 우연히 일어난 사건들은 고정관념을 깨뜨리고 우리에게 새로운 자극이
   된다. 다시 말해 순간적으로 기존의 관습에서 벗어나 새로운 아이디어
   가 떠오르게 한다.
✓ 임의 단어 사용법이란 임의로 단어 하나를 선택한 다음 문제와 연결해
   서 새로운 뜻을 부여하는 것이다.
✓ 단어는 사전, 신문, 잡지 등에서 찾을 수 있다.

한계돌파 사고 연습2

최고의 학문과 기술을 가지고 있다 하더라도 새로운 아이디어가 저절로 생긴다는 보장은 없다.

— 에드워드 드 보노 *Edward de Bono*

다음 문제는 여러 가지 답이 있을 수 있어요. 자신만의 생각을 써보세요.

01 물만두를 터트리지 않고 어떻게 속을 먹을 수 있을까요?

_____

_____

_____

02 케이크를 7등분해서 12명의 친구들에게 나눠주려고 해요. 1명당 2개씩 주려면 어떻게 해야 할까요? (힌트 : 한꺼번에 모두 주지 않아도 돼요)

_____

_____

03 바다에 빠져 정신을 잃었던 한 사람이 눈을 떠보니 조그만 섬 위에 있었어요. 어떻게 된 일일까요? 단, 그는 다른 데로 흘러가지 않았습니다.

_____

_____

04 숲 속에 별장 하나가 있었어요. 갑자기 불이 났고 숲으로 화재가 번지려고 했죠. 소방차가 왔지만 불을 끌 수 있는 방법을 찾지 못했어요. 그때 지혜로운 별장 주인은 이 문제를 해결했어요. 과연 어떤 방법이었을까요?

(힌트 : 별장의 불은 자동으로 꺼질 수 있어요)

_____

_____

05 단비가 바닥에 있는 나무판을 옮기고 있는데 어머니가 말씀하셨어요. "이 나무판으로 정사각형 하나를 만들려면 몇 개가 필요할까?" 나무의 치수는 다음과 같습니다. (힌트 : 도형을 입체로 만든다고 생각하세요)

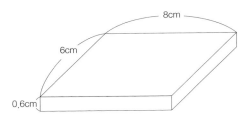

06 다음의 정사각형을 어떻게 정오각형으로 만들 수 있을까요?

(힌트 : 입체의 상태를 생각하세요)

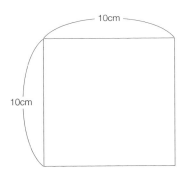

CHAPTER 6

07 종이에 그린 점들과 같은 거리의 선을 그리세요. (힌트 : 도형을 입체로 보세요)

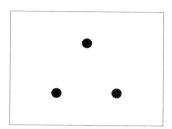

한계돌파 사고 방법3 : 역발상법

새로운 개념을 배우기는 쉽지만 기존 개념을 포기하기는 쉽지 않다.

– 에드워드 드 보노 *Edward de Bono*

사람들은 문제에 대해 고민할 때, 확실하거나 자신에게 유리한 쪽에 집중한다. 반면에 확실하지 않거나 자신에게 불리한 사고방식에는 관심을 가지지 않는다. 사람의 느낌과 생각은 대개 비슷하다. 하지만 이와 같이 비슷한 생각들은 특수한 상황에서는 도움이 되지 않는다. 그렇기 때문에 우리는 일반적인 관습에 따라 생각하지 않도록 해야 한다. 얼핏 보면 이것은 이치에 어긋나거나 상식을 벗어난 것 같지만 결국 더 좋은 결과를 가져오기 때문이다.

1 역발상법이란?

역발상법은 보통 사람들의 생각과 반대로 생각하는 것을 말합니다. 예를 들면 다른 사람이 버리면 나는 가져가고, 다른 사람이 들어가면 나는 나오고, 다른 사람들이 움직이면 나는 정지하고, 다른 사람들이 강하게 나오면 나는 부드럽게 대하는 것이죠. 다시 말해 어떤 사물에 대해 말할 때 내적인 것과 외적인 것, 위와 아래, 앞뒤 등 완전히 반대로 사고하는 거예요. 이 방법은 사람들이 어떤 문제를 생각할 때, 잠재되어 있는 상반된 가능성을 생각하는 것입니다. 마치 운전할 때 차가 막다른 골목으로 들어갔다 나올 수밖에 없는 상황을 대비해 후진기술을 배우는 것과 같아요.

01 사람들은 문제에 대해 고민할 때, 흔히 어떻게 하나요?

□ 가. 확실하고 자신에게 유리한 쪽에 집중한다.

□ 나. 확실하고 다른 사람에게 유리한 쪽에 집중한다.

□ 다. 쉽고 자신에게 유리한 쪽에 집중한다.

□ 라. 쉽고 다른 사람에게 유리한 쪽에 집중한다.

02 사람들은 문제에 대해 고민할 때, 흔히 무엇을 소홀히 하나요?

□ 가. 불확실하고 다른 사람에게 불리한 사고방식

□ 나. 불확실하고 다른 사람에게 유리한 사고방식

□ 다. 불확실하고 자신에게 유리한 사고방식

□ 라. 불확실하고 자신에게 불리한 사고방식

03 대부분의 사람들과 다른 사고방식은 어떻게 느껴지나요?

□ 가. 옳은 것 같다.

□ 나. 이치에 어긋난 것 같다.

□ 다. 쉽게 해결할 것 같다.

□ 라. 명확하지 않은 것 같다.

04 역발상법은 어떤 사고방식인가요?

□ 가. 보통 사람들의 생각과 방향이 같은 사고방식이다.

□ 나. 보통 사람들의 생각과 완전히 같은 사고방식이다.

□ 다. 보통 사람들의 생각과 상반되는 사고방식이다.

□ 라. 보통 사람들의 생각과 비슷한 사고방식이다.

05 다음 중 어느 것이 역발상법인가요? (정답을 모두 고르세요)

☐ 가. 사람들이 버리면 나는 가진다.

☐ 나. 사람들이 앞에 있으면 나는 뒤에 있는다.

☐ 다. 사람들이 들어가면 나도 들어간다.

☐ 라. 추우면 물이 언다는 것을 생각한다.

☐ 마. 좌우를 바꾸어 생각한다.

☐ 바. 위아래를 바꾸어 생각한다.

☐ 사. 추우면 더운 것을 생각한다.

☐ 아. 사람들이 밖에 있으면 나는 안으로 들어간다.

☐ 자. 나쁜 것을 좋은 것으로 바꾼다.

☐ 차. 다른 사람이 강하면 나는 더 강하게 한다.

☐ 카. 다른 사람이 움직이면 나는 멈춘다.

☐ 타. 다른 사람이 강하게 하면 나는 부드럽게 한다.

06 역발상법은 우리를 어떻게 만들어주나요?

☐ 가. 잠재적이고 비슷한 가능성을 생각하게 한다.

☐ 나. 잠재적이고 상반되는 가능성을 생각하게 한다.

☐ 다. 눈에 보이는 비슷한 가능성을 생각하게 한다.

☐ 라. 눈에 보이는 상반되는 가능성을 생각하게 한다.

2 어떻게 활용할 수 있을까?

어떤 상황을 바꾸어 생각하는 데는 여러 가지 방법이 있을 수 있죠? 물론 검증된 정확한 방법도 있겠지만 그것만이 유일한 건 아니에요. 기준이 따로 정해진 것이 아니라는 말입니다. 우리가 한계돌파 사고를 하는 이유는 사물을 관찰할 때, 일반적인 방법에서 벗어나기 위해서입니다. 반드시 필요한 사고방법은 아니지만, 이것을 통해 다양한 측면으로 생각하면 기존의 틀에서 자유롭게 되는 것이죠. 이렇게 해서 우리는 효과적인 문제 해결방법을 찾을 수 있어요.

01 보통 우리들은 몇 가지 정도로 상황을 바꿀 수 있나요?

☐ 가. 세 가지

☐ 나. 한 가지

☐ 다. 두 가지

☐ 라. 여러 가지

02 역발상법은 어떻게 하나요?

☐ 가. 기준이 따로 없다.

☐ 나. 무조건 대립적으로 한다.

☐ 다. 생각을 바꾸기만 하면 된다.

☐ 라. 옳고 그른 것을 바꾼다.

03 역발상법에는 어떤 기능이 있나요? (정답을 모두 고르세요)

☐ 가. 사고방식이 기존의 틀에서 해방된다.

☐ 나. 사고를 집중시킨다.

☐ 다. 사고를 쉽게 전환하여 발전하게 한다.

☐ 라. 사고를 쉽게 비슷한 방향으로 발전하게 한다.

☐ 마. 사물을 관찰하는 데 반드시 필요하지는 않다.

☐ 바. 사물을 관찰하는 데 반드시 필요하다.

☐ 사. 사물을 관찰하는 여러 가지 방법을 찾을 수 있다.

04 역발상법은 어떤 효과를 주나요?

☐ 가. 효과적인 방법을 종합해준다.

☐ 나. 효과적인 방법을 더 많이 생각하게 한다.

☐ 다. 효과 없는 방법을 더 많이 생각하게 한다.

☐ 라. 효과 없는 방법에서 쉽게 벗어날 수 있다.

05 역발상법은 어떤 결과를 줄까요?

☐ 가. 더욱 효과적인 결과

☐ 나. 문제가 집중된 결과

☐ 다. 황당하고도 우스운 결과

☐ 라. 어떤 결과도 주지 않는다.

3 역발상법을 이용하자

01 병 안에 물이 너무 적어서 새는 마실 수가 없어요. 새는 어떻게 하면 될까요?

☐ 가. 병을 깬다.

☐ 나. 돌을 병 안에 가득 채워 넣는다.

☐ 다. 병을 뒤집는다.

☐ 라. 다른 동물의 도움을 받는다.

02 몸무게가 너무 많이 늘어나서 다이어트를 하려고요.

☐ 가. 음식량을 줄인다.

☐ 나. 매일 30분씩 운동한다.

☐ 다. 다이어트식품을 먹는다.

☐ 라. 밥 먹기 전에 우유 한 컵을 마신다.

03 표 없이 승차한 사람을 어떻게 처벌할까요?

☐ 가. 버스 안을 깨끗이 청소시킨다.

☐ 나. 그 사람에게 표 검사원의 임무를 준 뒤, 다른 위법자를 찾게 한다.

☐ 다. 복지시설에 가서 일을 하게 한다.

☐ 라. 차표의 10배를 벌금으로 받는다.

04 19세기 중반, 미국 캘리포니아 주에서 금광이 발견되었다는 소식이 전해졌어요.

□ 가. 기회를 놓치면 안 되니 즉시 캘리포니아 주에 가서 금을 캔다.

□ 나. 더 좋은 장비를 사서 금을 캔다.

□ 다. 강물을 끌어다 금을 캐는 사람들에게 물을 판다.

□ 라. 배고픔을 참고 열심히 금을 캔다.

05 친구의 옷을 잡아당기며 괴롭히는 여자아이가 있었어요.

□ 가. 선생님께 이른다.

□ 나. 부모님께 도움을 요청한다.

□ 다. 옷이 작아서 힘들었는데 당겨줘서 고맙다고 말한다.

□ 라. 화를 내며 싸운다.

06 애꾸눈의 왕이 화가들을 불러 모아서 자신의 얼굴을 그리라고 했어요. 하지만 그림에 애꾸눈이 나와서는 안 된다고 했죠. 어떻게 하면 될까요?

□ 가. 그릴 수 있는 방법이 없다고 포기한다.

□ 나. 왕의 애꾸눈 대신에 다른 눈을 그린다.

□ 다. 애꾸눈이 아닌 쪽의 옆모습을 그린다.

□ 라. 그림에 눈을 그리지 않는다.

07 회의 때마다 직원들이 산만해요. 어떻게 하면 그들을 집중시킬 수 있을까요?

□ 가. 회의 시작 전에 기록할 사람을 정한다.

□ 나. 회의 때 집중해야 되는 이유을 설명해준다.

□ 다. 회의 때 집중하지 않는 직원에게 벌을 가한다.

□ 라. 회의가 끝날 때 누가 기록할지를 정한다.

08 할머니네 집 근처에는 매일 청년들이 모여서 재즈음악을 연주합니다. 그래서 할머니는 편하게 휴식을 취할 수가 없어요.

□ 가. 그들의 연주에 관람료를 준다. 그 뒤로 점차 관람료를 줄이면 연주 횟수가 줄어들 것이다.

□ 나. 청년들을 꾸짖는다. 그들이 다시는 근처에서 재즈음악을 연주하지 못하게 한다.

□ 다. 매일 귀마개를 한다. 시끄러운 음악이 들리지 않게 한다.

□ 라. 낮에는 집을 비우고, 저녁에 집으로 돌아온다.

09 깡패가 많은 돈을 가지고 있는 한 남자를 뒤쫓아오고 있었어요. 이 남자는 따라오는 깡패에게 이렇게 말했죠.

□ 가. 선생님, 저의 뒤를 따라다니지 마세요. 경찰에게 신고할 거예요.

□ 나. 선생님, 저는 이틀째 아무것도 먹지 못했습니다. 저에게 돈을 좀 주세요.

□ 다. 선생님, 이 돈을 드릴 테니 더 이상 따라오지 마세요.

□ 라. 선생님, 곧 저의 직원이 나타날 것이니 따라오지 마세요.

10 1988년, 비행 중이던 737여객기의 앞날개에 6m 정도의 큰 구멍이 났습니다. 다행히도 모든 승객들은 안전하게 내릴 수 있었어요. 이 일에 대해 비행기 회사의 기술자가 사고에 대해 다음과 같이 말했습니다.

□ 가. 이렇게 낡은 비행기가 승객의 안전을 보장한 것은 비행기의 질이 확실히 좋아졌다는 것을 증거입니다.

□ 나. 기계의 고장은 사고의 주요 원인입니다.

□ 다. 정비를 제대로 하지 않는 것이 사고의 주요 원인이었습니다.

□ 라. 기술혁신을 하여 유사한 사고를 일으키지 않도록 하겠습니다.

11 프랑스에 감자가 처음 수입되었을 때, 농민들은 전통적인 습관과 편견 때문에 재배하기 싫어했어요. 결국 프랑스 농업학자는 이와 같은 방법을 생각해냈어요.

　□ 가. 신문을 통해 감자의 좋은 점과 재배방법을 소개하여 농민들의 호기심을 유발하도록 한다.

　□ 나. 농민들에게 감자를 심도록 하고 따르지 않으면 벌을 준다.

　□ 다. 경비원들을 보내 감자밭을 지키게 하고 사람들이 감자를 파가지 못하게 한다.

　□ 라. 감자를 농민들에게 무료로 나눠준다.

12 미국의 유명한 소설가 마크 트웨인이 기자에게 "일부 국회의원들은 멍청한 사람들"이라고 말했어요. 미국 국회의원들은 매우 분노하여 그에게 사과를 요구했죠. 이후, 마크 트웨인은 자신의 말을 수정했습니다.

　□ 가. 미국 국회에는 멍청한 사람이 없다.

　□ 나. 미국 국회의 모든 의원들은 멍청한 사람들이다.

　□ 다. 미국 국회의 일부 의원만 멍청한 사람이다.

　□ 라. 미국 국회의 일부 의원은 멍청한 사람이 아니다.

13 외진 곳에 위치한 음식점의 사장은 장사가 잘 되지 않아 고민하고 있어요. 어떻게 하면 좋을까요?

　□ 가. 조용한 분위기를 만들어 그러한 분위기를 좋아하는 손님을 끌도록 한다.

　□ 나. 신문에 크게 음식점 광고를 한다.

　□ 다. 훌륭한 요리사를 데려온다.

　□ 라. 친절한 서비스를 베푼다.

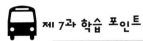 **제 7과 학습 포인트**

✓ 사람들은 문제에 대해 고민할 때 확실하거나 자신에게 유리한 쪽에 집중한다.

✓ 역발상법은 보통사람들의 생각과 상반되는 사고방식을 가리킨다.

✓ 역발상법은 효율적이고 다양한 방법을 만들어낸다.

한계돌파 사고 연습3

만약 재능이 있는 사람들이 전통학설에 대해 아무것도 모르고 있었더라면, 오히려 쉽게 세상이

놀랄 만한 새로운 아이디어를 낼 수 있었을 거다.

– 에드워드 드 보노 *Edward de Bono*

다음 문제는 여러 가지 답이 있을 수 있어요. 자신만의 생각을 써보세요.

01 선생님에게는 똑같이 생긴 쌍둥이 딸이 있었어요. 유일하게 구별할 수 있는 특징
은 허벅지의 검은 점이었죠. 딸 두 명이 똑같은 옷을 입고 그 특징을
가렸을 때 어떤 방법으로 그들을 구별할 수 있을까요?

_____

_____

_____

02 어떤 곤충이 일주일 만에 갑자기 엄청난 수로 번식하는 것을 한 곤충학자가 발견
했어요. 즉 곤충은 2, 4, 8, 16…의 속도로 늘어난다는 겁니다. 어느 날 실험실에
서 이러한 곤충 한 쌍을 발견했어요. 10주 후가 되면 곤충은 얼마나 늘어날까요?

_____

_____

_____

03 왕이 두 명의 왕자에게 승마시합을 제안했습니다. 말을 타고 A라는 나라까지 가는 거였죠. 하지만 먼저 도착하는 사람이 지는 거였습니다. 당신이 왕자라면 어떻게 해서 이길까요?

---

04 한 남자가 방에서 죽었어요. 유일한 단서는 침대 옆에 있는 칼 한 자루인데, 사건 현장에는 피 흘린 흔적도 없었고, 죽은 남자도 아무런 상처가 없었어요. 시체를 검사한 결과 약을 먹은 것도 아니고 목이 졸렸던 것도 아니었죠. 그 남자가 죽은 진짜 원인은 무엇이었을까요?

---

05 한 남자가 사람들이 많이 모인 자리에서 어느 아가씨의 상의를 찢고 가슴 부위에 충격을 가했어요. 그곳에 있는 경찰과 사람들은 서서 지켜만 보았죠. 왜 그랬을까요? (힌트 : 남자의 직업을 한번 생각해볼까요?)

---

06 아버지 둘과 아들 둘이 신발가게에서 새 신발을 샀어요. 모두 한 켤레씩 샀는데도 총 세 켤레였어요. 그 이유는 무엇일까요?

---

07 하나의 직선으로 아래의 세 점을 연결하세요.

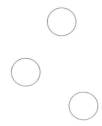

08 필통에 검은색 볼펜과 녹색 볼펜이 각각 2개씩 있었어요. 지금 '빨간색'과 '남색'을 쓰고 싶은데 어떻게 해야 할까요?

_____

_____

한계돌파 사고 방법4 : 도전법

지혜를 얻으려면 미련함부터 연구해야 한다. 왜냐하면 미련한 자의 실수는 쉽게 볼 수 있지만 지혜로운 자의 뛰어남은 쉽게 볼 수 없기 때문이다.

– 에드워드 드 보노 *Edward de Bono*

나이가 들면서 우리의 생각은 외부의 전통과 습관에 점점 길들여져 주위에서 일어나는 일들을 점차 당연한 것으로 받아들인다. 그리고 자연스럽게 과거의 사고와 규칙을 따르게 된다. 결국 그 보이지 않는 것들로 인해 우리의 생각은 융통성이 사라지며 굳어진다.

1 도전법이란?

도전법이란 항상 어린아이처럼 '왜?'라는 의문을 지니는 거예요. 그래서 기존의 관습이나 생각에 질문을 던지는 거죠. 이것은 의도적으로 사용하는 방법입니다. 현재 상태에 머물러 있지 말고, 문제에 대해 항상 의문을 가지고 개선하고 변화시키라는 겁니다. 이러한 질문은 답을 모를 때만이 아니라 답을 알고 있을 때 해도 좋습니다. '왜?'라는 단어의 참된 의미는 다른 사람에게 질문하기보다는 끊임없이 어떤 생각을 하면서 과거의 낡은 생각으로부터 탈출하는 것이기 때문이죠.

01 나이가 들면 우리의 생각은 어떻게 될까요?

☐ 가. 외부의 전통과 습관에 적응한다.

☐ 나. 외부의 전통과 습관을 개혁한다.

☐ 나. 외부의 전통과 습관을 바꾼다.

☐ 라. 외부의 전통과 습관에 반대한다.

02 외부의 전통과 습관은 우리 사고방식에 어떤 영향을 미칠까요?

☐ 가. 자연스럽게 과거의 사고와 규칙을 수정한다.

☐ 나. 자연스럽게 과거의 사고와 규칙을 반대한다.

☐ 다. 자연스럽게 과거의 사고와 규칙을 위반한다.

☐ 라. 자연스럽게 과거의 사고와 규칙을 따른다.

03 외부의 전통과 습관은 결국 우리를 어떻게 만들까요?

☐ 가. 우리의 생각은 융통성이 사라지며 굳어진다.

☐ 나. 우리의 생각은 융통성이 사라지며 발전한다.

☐ 다. 우리의 생각은 융통성이 사라지며 아름다워진다.

☐ 라. 우리의 생각은 융통성이 사라지면서 깊이가 없어진다.

04 도전법이란 무엇인가요?

☐ 가. 아직 모르는 습관과 생각에 질문을 던진다.

☐ 나. 기존의 습관과 생각에 질문을 던진다.

☐ 다. 다른 사람의 습관과 생각에 질문을 던진다.

☐ 라. 앞으로 일어날 습관과 생각에 질문을 던진다.

05 도전법에서는 어린아이처럼 항상 어떤 질문을 하라고 했나요?

☐ 가. 무엇을?

☐ 나. 어디서?

☐ 다. 언제?

☐ 라. 왜?

06 도전법은 사물의 현상을 어떻게 대하라고 했나요?

☐ 가. 사물의 현 상태에 만족하지 말아야 한다.

☐ 나. 사물의 현 상태에 최대한 만족해야 한다.

☐ 다. 사물의 현 상태에 절대적으로 만족해야 한다.

☐ 라. 사물의 현 상태에만 만족해야 한다.

07 도전법은 어떠한 문제에 질문하라고 했나요?

☐ 가. 알기 어려운 것

☐ 나. 무엇이든지

☐ 다. 논쟁이 있는 것

☐ 라. 쉽게 이해할 수 있는 것

08 도전법은 언제 질문을 하라고 했나요?

☐ 가. 정답을 알고 있을 때도 하라.

☐ 나. 정답을 알고 싶을 때만 하라.

☐ 다. 정답을 모를 때만 하라.

☐ 라. 정답을 해설할 때 하라.

09 도전법을 이용해 질문하는 까닭은 무엇인가요?

☐ 가. 어떤 생각을 끊임없이 함으로써 과거의 낡은 생각을 이어받기 위해

☐ 나. 어떤 생각을 끊임없이 함으로써 과거의 낡은 생각으로부터 탈출하기 위해

☐ 다. 어떤 생각을 끊임없이 함으로써 미래의 새로운 생각으로부터 탈출하기 위해

☐ 라. 어떤 생각을 끊임없이 함으로써 현재의 새로운 생각으로부터 탈출하기 위해

2 중요한 원인을 찾아보자

다음 문제의 이유는 무엇일까요?

01 의자는 네 개의 다리가 있어요.

☐ 가. 비교적 아름답다.

☐ 나. 쉽게 만들 수 있다.

☐ 다. 놓기에 편리하다.

☐ 라. 안정적으로 앉을 수 있다.

02 칠판은 검은색이이에요.

☐ 가. 분필이 매끄럽게 써진다.

☐ 나. 흰 분필로 쓴 글자는 비교적 잘 보인다.

☐ 다. 쉽게 만들 수 있다.

☐ 라. 학생은 검은색을 좋아한다.

03 시계는 손목에 있어요.

☐ 가. 시간을 보기에 편리하다.

☐ 나. 손목에 있어야 어울린다.

☐ 다. 가지고 다니기 편리하다.

☐ 라. 쉽게 잃어버리지 않는다.

04 수업시간에는 선생님이 있어야 해요.

    ☐ 가. 학생들은 자율적으로 할 수 없다.

    ☐ 나. 선생님이 재능을 발휘해야 한다.

    ☐ 다. 선생님이 학생들을 가르쳐야 한다.

    ☐ 라. 부모님이 있기에는 불편하다.

05 물로 손을 씻어요.

    ☐ 가. 비교적 싸다.

    ☐ 나. 비교적 편리하다.

    ☐ 다. 부작용이 없다.

    ☐ 라. 가장 청결한 방법이다.

3 현재의 생각을 버리자

예전부터 가지고 있던 낡은 틀에서 벗어나기 위해서는 우선 자신의 사고방식부터 깊이 들여다봐야 해요. 고정관념이란 만들어진 습관에 불과해요. 그렇기 때문에 우리는 자신의 사고방식을 정확하게 알아야만 변화할 수 있어요.

생각은 다음과 같이 나눌 수 있습니다.

• 주요 생각

일을 처리하거나 문제를 해결할 때 우리의 사고방식을 전체적으로 지배하는 생각을 말합니다. '학교는 학생들이 공부하는 곳'이라는 생각이 대표적인 예가 될 수 있죠.

• 기본 가설

가설은 '임의로 세운 생각'이란 뜻이고 우리의 지식과 경험을 바탕으로 형성됩니다. 그러나 실제로 근거 없는 가설도 있어요. 이를 테면 '사람들은 모두 신분증을 휴대할 것이다' 등의 생각이죠.

- 필수 조건

  반드시 가지고 있어야 할 것이 무엇인지 생각해야 돼요. 예를 들어 '안전'은 항공사가 반드시 갖추어야 할 것이죠.

- 주의 사항

  어떤 것을 주의해야 할까요? 예를 들어 '어떠한 화물차도 실을 수 있는 양을 넘기면 안 된다'가 있겠죠.

다음 문제를 위와 같이 분류해봅시다.

01 공원은 시민들에게 휴식의 장소를 제공해줍니다.
  □ 가. 주요 생각
  □ 나. 기본 가설
  □ 다. 필수 조건
  □ 라. 주의 사항

02 고령화 사회로 진입하면 의료보험의 부담이 훨씬 더 커질 것입니다.
  □ 가. 주요 생각
  □ 나. 기본 가설
  □ 다. 필수 조건
  □ 라. 주의 사항

03 시간을 낭비하지 마세요.
  □ 가. 주요 생각
  □ 나. 기본 가설
  □ 다. 필수 조건
  □ 라. 주의 사항

04 대학은 고등교육을 하는 장소입니다.

   □ 가. 주요 생각

   □ 나. 기본 가설

   □ 다. 필수 조건

   □ 라. 주의 사항

05 지구의 자원은 결국 모두 없어질 거예요.

   □ 가. 주요 생각

   □ 나. 기본 가설

   □ 다. 필수 조건

   □ 라. 주의 사항

06 의사는 환자의 병을 치료하는 사람이에요.

   □ 가. 주요 생각

   □ 나. 기본 가설

   □ 다. 필수 조건

   □ 라. 주의 사항

07 비행기 조종사는 자격증이 있어야 합니다.

   □ 가. 주요 생각

   □ 나. 기본 가설

   □ 다. 필수 조건

   □ 라. 주의 사항

08 지구가 오염되지 않도록 보호해야 해요.

   □ 가. 주요 생각

   □ 나. 기본 가설

□다. 필수 조건

□라. 주의 사항

09 맥도날드에서는 햄버거를 판매합니다.

□가. 주요 생각

□나. 기본 가설

□다. 필수 조건

□라. 주의 사항

10 음식점은 깨끗하고 위생적인 관리가 필요해요.

□가. 주요 생각

□나. 기본 가설

□다. 필수 조건

□라. 주의 사항

11 직원들은 더 많은 보수를 받기 위해 더욱 열심히 일할 것입니다.

□가. 주요 생각

□나. 기본 가설

□다. 필수 조건

□라. 주의 사항

12 통계에 따르면 우리는 80세까지 살 수 있다고 해요.

□가. 주요 생각

□나. 기본 가설

□다. 필수 조건

□라. 주의 사항

13 영화표의 값을 올리면 관객의 수가 줄어들 거예요.

☐ 가. 주요 생각

☐ 나. 기본 가설

☐ 다. 필수 조건

☐ 라. 주의 사항

14 21세기에 한국은 경제대국으로 성장할 것입니다.

☐ 가. 주요 생각

☐ 나. 기본 가설

☐ 다. 필수 조건

☐ 라. 주의 사항

15 슈퍼마켓은 생활용품을 팝니다.

☐ 가. 주요 생각

☐ 나. 기본 가설

☐ 다. 필수 조건

☐ 라. 주의 사항

16 판사는 공정하게 판결을 내려야 해요.

☐ 가. 주요 생각

☐ 나. 기본 가설

☐ 다. 필수 조건

☐ 라. 주의 사항

17 21세기의 '성공열쇠'는 바로 지식일 겁니다.

☐ 가. 주요 생각

☐ 나. 기본 가설

☐ 다. 필수 조건

☐ 라. 주의 사항

18 실천할 수 있는 말을 하세요.

☐ 가. 주요 생각

☐ 나. 기본 가설

☐ 다. 필수 조건

☐ 라. 주의 사항

19 경찰은 사회의 안전을 책임지고 있습니다.

☐ 가. 주요 생각

☐ 나. 기본 가설

☐ 다. 필수 조건

☐ 라. 주의 사항

20 고객을 무시하면 안 됩니다.

☐ 가. 주요 생각

☐ 나. 기본 가설

☐ 다. 필수 조건

☐ 라. 주의 사항

4 자신의 생각에 도전하자

01 슈퍼마켓을 주제로 여러분의 생각을 아래에 써넣으세요.

주요 생각 : _____

_____

기본 가설 : _____

_____

필수 조건 : _____

_____

주의 사항 : _____

_____

02 위의 생각에 도전할 만한 새로운 제안을 써보세요.

_____

_____

 제 9과 학습 포인트

✓ 나이가 들면서 사고방식은 점점 전통과 습관에 길들여지고 굳어진다.

✓ 도전법은 어린아이처럼 어떤 일을 만나더라도 '왜?'라고 묻는 것이다.

✓ '왜?'라는 질문은 우리가 답을 알고 싶을 때만 하는 것이 아니라 답을 알고 있을 때도 하는 것이다.

✓ 우리들의 생각은 다음과 같이 나눌 수 있다.

　• 주요 생각　• 기본 가설　• 필수 조건　• 주의 사항

10 | 한계돌파 사고 연습4

다음 문제는 여러 가지 답이 있을 수 있어요. 자신만의 생각을 써보세요.

01 수영을 못하는 남자가 유람선에서 바다로 떨어졌어요. 배에는 구조장비도 구조
요원도 없었어요. 하지만 그 남자는 구조되기 전, 한 시간 동안이나 살아남았어
요. 어떻게 이런 일이 가능했을까요? (힌트 : 그는 중동을 여행 중이었어요)

_____

_____

02 아무것도 없는 사막을 사람들이 걷다보면 왜 다시 출발 지점으로 돌아오게 되
나요? (힌트 : 사람들의 걸음걸이를 주의하세요)

_____

_____

03 컴퍼스와 통조림을 이용하여 어떻게 흰 종이에 직선을 그릴 수 있을까요?

_____

_____

04 아래의 정사각형 속에 원래의 면적에 1/4이 되는 정사각형을 그려넣으세요.

05 아래 삼각형 모양의 케이크를 똑같은 삼각형 4개로 나누세요.

06 세상에는 어떠한 물체라도 녹일 수 있는 액체가 있을까요?

_____

_____

07 크기가 같은 4개의 직사각형으로 정사각형 하나를 만들어보세요.

_____

_____

11 | 한계돌파 사고 방법5 : 개념법

만약 프로그램 설계가 잘못되어 있는 컴퓨터라면 제 아무리 정밀하고 성능이 높다고 하더라도 절대 정확한 답이 나올 수 없다.

 ─에드워드 드 보노 *Edward de Bono*

한계돌파 사고의 특징은 고정관념으로 사물을 관찰하지 않는 것이다. 고정관념을 지니고 있으면 그로 인해 선입관이 생기고 자연스럽게 기존의 개념에 빠지게 된다. 하지만 만약 고정관념이 바뀌게 되면 어떻게 될까? 고정관념이 만들었던 개념 또한 바뀔 것이다. 이런 상황을 가장 잘 보여주는 것이 법률이다. 법률이 한 번 정해지면 그에 따라 사건을 판단한다. 하지만 법률조항을 수정하게 되면 기존의 법률이 가지고 있던 개념은 바뀌게 된다. 즉 법률이 어떤 사항을 금지했는데, 만약 그것이 세월이 흘러 자유롭게 되었다고 하자. 그러면 그 조항은 힘을 잃게 된다. 하나의 예로 캠핑차가 아주 유행했을 때, 그것은 건축물이 아닌 교통도구로 인식했었다. 그래서 규제를 받지 않았고 부동산세 역시 내지 않았다.

1 개념법이란?

개념법은 기존의 개념이 나타내는 뜻을 다른 방향으로 바꾸는 것입니다. 교차로에서 방향을 바꾸면 완전히 다른 곳으로 가잖아요? 그것과 마찬가지로 사람도 사고의 방향을 조금만 바꾸면 전혀 새로운 아이디어가 생긴답니다. 즉 사물에 대한 개념을 다른 방향으로 바꾸면 비교적 자유롭고 넓은 생각들이 떠오를 것입니다.

01 한계돌파 사고의 특징은 사물을 관찰할 때 어떤 것을 피하는 것인가요?

  □ 가. 움직이는 것

  □ 나. 명확한 것

  □ 다. 직접적인 것

  □ 라. 고정적인 것

02 고정관념으로 사물을 보는 행동은 우리에게 어떠한 영향을 줄까요?

  □ 가. 선입관이 생기고 성공적인 개념이 형성된다.

  □ 나. 선입관이 생기고 기존의 개념이 형성된다.

  □ 다. 선입관이 생기고 객관적인 개념이 형성된다.

  □ 라. 선입관이 생기고 아름다운 개념이 형성된다.

03 고정관념이 바뀌면 기존의 개념은 어떻게 될까요?

  □ 가. 바뀐다.

  □ 나. 그대로다.

  □ 다. 없어진다.

  □ 라. 작아진다.

04 기존의 개념이 바뀌는 상황을 잘 보여주는 예는 무엇인가요?

  □ 가. 변호사

  □ 나. 판사

  □ 다. 법률

  □ 라. 재판

05 법률조항이 힘을 잃게 되는 상황은 무엇인가요?

☐ 가. 개념의 변화

☐ 나. 법정의 변경

☐ 다. 법관의 변경

☐ 라. 변호사의 변경

06 만약 캠핑차를 건축물로 인정한다면 차주인은 어떤 세금을 내야 하죠?

☐ 가. 자동차 번호세

☐ 나. 자동차 양도세

☐ 다. 캠핑차 집세

☐ 라. 부동산세

07 개념법은 어떤 것을 바꾸는 건가요?

☐ 가. 개념의 겉에 드러난 뜻

☐ 나. 개념이 가진 기존의 뜻

☐ 다. 개념이 추리하는 뜻

☐ 라. 개념의 깊은 뜻

08 교차로에서 방향을 바꾸면 어떤 결과가 일어날까요?

☐ 가. 완전히 같은 곳으로 간다.

☐ 나. 완전히 다른 곳으로 간다.

☐ 다. 아무런 변화가 없다.

☐ 라. 조금 비슷한 곳으로 간다.

09 여러 갈래로 갈 수 있는 선택권이 있는 위치는 어디인가요?

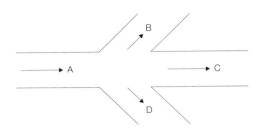

☐ 가. A

☐ 나. B

☐ 다. C

☐ 라. D

2 어떻게 활용할 수 있을까?

우리가 고정관념에서 탈피하려면 기존의 개념에서 최대한 벗어나야 해요. 다른 개념과 단어를 선택하고 표현하는 노력을 한다면 기존 개념의 영향을 받지 않을 거예요. 예를 들어 패스트푸드 음식점에 대해 이야기할 때, '싸다, 빠르다, 양이 정해져 있다' 라는 개념으로 사로잡히지 않도록 일부러 '패스트푸드 음식점' 이라는 단어로 이야기하지 않도록 합니다. 그렇게 함으로써 더욱 많은 아이디어가 쏟아지도록 말이죠.

01 어떻게 하면 기존에 지닌 개념의 영향을 피할 수 있을까요?

(정답을 모두 고르세요)

☐ 가. 기존의 개념들을 냉장고 안에 넣는다.

☐ 나. 기존의 개념들을 더 큰 개념으로 합한다.

☐ 다. 기존의 개념은 말하지 않는다.

☐ 라. 기존의 개념을 명확하고 자세하게 나눈다.

☐ 마. 어떤 개념도 필요 없다.

□바. 다른 개념으로 고치거나 또는 다른 글자로 나타낸다.

□사. 똑같은 개념을 가진 단어로 고친다.

□아. 무조건 상반되는 개념으로 고친다.

02 다음 중 어느 것이 '패스트푸드 음식점'의 개념을 새롭게 바꿀 수 있을까요?

(정답을 모두 고르세요)

□가. 음료를 무료로 제공한다.

□나. 빠른 서비스를 제공한다.

□다. 세트요리를 제공한다.

□라. 점원이 테이블을 다니면서 주문을 받는다.

□마. 콜라 대신 된장국을 준다.

□바. 저렴하고 간편한 음식을 제공한다.

3 개념의 구별1 : 운동화

01 운동할 때만 사용해요.

　　□가. 기존의 개념　　　　□나. 새로운 개념

02 무엇보다 발이 편안해야 해요.

　　□가. 기존의 개념　　　　□나. 새로운 개념

03 특이한 밑창으로 바꿨어요.

　　□가. 기존의 개념　　　　□나. 새로운 개념

04 정장을 입어도 어울려요.

    ☐ 가. 기존의 개념   ☐ 나. 새로운 개념

05 공기가 든 밑창을 샀어요.

    ☐ 가. 기존의 개념   ☐ 나. 새로운 개념

06 천으로 된 운동화는 시원해요.

    ☐ 가. 기존의 개념   ☐ 나. 새로운 개념

07 고무재료로 만들었어요.

    ☐ 가. 기존의 개념   ☐ 나. 새로운 개념

08 전용 운동화가 있어요. 예를 들면 농구화, 테니스화 등이요.

    ☐ 가. 기존의 개념   ☐ 나. 새로운 개념

09 비에 젖지 않는 운동화를 만들었어요.

    ☐ 가. 기존의 개념   ☐ 나. 새로운 개념

10 학교 갈 때 신는 신발이에요.

    ☐ 가. 기존의 개념   ☐ 나. 새로운 개념

11 한 사람을 위한 신발을 만들어요.

    ☐ 가. 기존의 개념   ☐ 나. 새로운 개념

12 파티에 신고 갑니다.

   □ 가. 기존의 개념　　　　□ 나. 새로운 개념

13 바퀴를 달았어요.

   □ 가. 기존의 개념　　　　□ 나. 새로운 개념

14 투명한 운동화를 만들었어요.

   □ 가. 기존의 개념　　　　□ 나. 새로운 개념

15 금속 소재를 사용해요.

   □ 가. 기존의 개념　　　　□ 나. 새로운 개념

16 양말이 달린 운동화를 만들었어요.

   □ 가. 기존의 개념　　　　□ 나. 새로운 개념

17 오른쪽과 왼쪽의 색깔이 다른 운동화를 샀어요.

   □ 가. 기존의 개념　　　　□ 나. 새로운 개념

18 개인적으로 운동화를 만들 수 있어요.

   □ 가. 기존의 개념　　　　□ 나. 새로운 개념

4 개념의 구별2 : 패스트푸드 음식점

01 계산대 앞에 서서 주문을 해요.

    □ 가. 기존의 개념   □ 나. 새로운 개념

02 고급 음식점 같이 실내장식을 했습니다.

    □ 가. 기존의 개념   □ 나. 새로운 개념

03 인터넷 서비스 제공합니다.

    □ 가. 기존의 개념   □ 나. 새로운 개념

04 음식이 빨리 나옵니다.

    □ 가. 기존의 개념   □ 나. 새로운 개념

05 스스로 메뉴를 고를 수 있어요.

    □ 가. 기존의 개념   □ 나. 새로운 개념

06 먹었던 음식은 스스로 치웁니다.

    □ 가. 기존의 개념   □ 나. 새로운 개념

07 정해진 양만큼 나옵니다.

    □ 가. 기존의 개념   □ 나. 새로운 개념

08 콜라 대신 된장국을 줍니다.

    □ 가. 기존의 개념   □ 나. 새로운 개념

09 음료가 무료입니다.

    □ 가. 기존의 개념   □ 나. 새로운 개념

10 노래방 기계가 있어요.

    □ 가. 기존의 개념   □ 나. 새로운 개념

11 선불입니다.

    □ 가. 기존의 개념   □ 나. 새로운 개념

12 저렴하고 간편합니다.

    □ 가. 기존의 개념   □ 나. 새로운 개념

13 점원이 테이블을 다니면서 주문을 받습니다.

    □ 가. 기존의 개념   □ 나. 새로운 개념

14 편안한 소파가 있습니다.

    □ 가. 기존의 개념   □ 나. 새로운 개념

5 개념의 구별3 : 성공

01 '성공'에 대한 기존의 개념을 적어보세요.

_____

_____

02 '성공'에 대한 새로운 개념을 적어보세요.

_____

_____

 제 11과 학습 포인트

> ✓ 개념법은 기존의 개념이 나타내는 뜻을 다른 방향으로 바꾸는 것으로
> 기존의 고정관념을 피하는 것이다.
> ✓ 우리는 이러한 기존의 개념을 피해야 하며, 다른 개념과 단어를 선택하
> 고 표현함으로써 기존의 개념은 적용하지 않도록 해야 한다.

12 │ 한계돌파 사고 연습5

어떤 경우에는 '실수' 라는 과정을 거쳐야지 정확한 방법을 터득할 수 있다.

－에드워드 드 보노 *Edward de Bono*

다음 문제는 여러 가지 답이 있을 수 있어요. 자신만의 생각을 써보세요.

01 한 줄에 4명씩, 다섯 줄을 만들고자 한다면 최소한 몇 명의 어린이가 필요한가요?

02 만약 여러분이 평면거울 사이에 서 있으면 한 줄로 서 있는 자신의 모습을 볼 수 있을 거예요. 그러면 여러분의 사면이 모두 거울로 되어 있는 밀폐된 방안에 있다면 거울에서 무엇을 볼 수 있을까요?

_____

03 A씨는 매우 위험한 운전사입니다. 항상 속도를 위반하고 교통신호를 무시하며 음주운전을 합니다. 하지만 그는 10년 동안 경찰에 한 번도 잡히지 않았어요. 그는 어떤 방법으로 경찰을 피할 수 있었을까요?

_____

04 한 강도가 총을 들고 은행을 털려고 했지만 카운터와 금고에는 돈이 하나도 없었어요. 그리고 경찰이 바로 현장으로 와서 그 강도를 잡았죠. 어떻게 된 일일까요? 단, 사건당일 은행은 정상영업 중이었습니다. 그리고 강도가 들어올 것이라고 누구도 예상하지 못했고요.

---

05 어떻게 하면 샤프 하나로 종이 한 장에 3개의 직선을 동시에 그릴 수 있을까요?

---

06 12개의 빵으로 샌드위치를 만듭니다. 빵 2개 사이에 햄을 1개씩만 끼워넣는다면 햄은 몇 개나 있어야 할까요?

---

07 나무막대 2개로 4개의 직각을 만들 수가 있어요. 그러면 나무막대 3개로는 몇 개의 직각을 만들 수 있을까요?

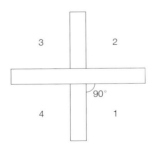

한계돌파 사고 방법6 : 부채도형법

도저히 해결할 수 없을 것 같이 보이는 어려운 문제를 해결하는 가장 좋은 하나의 방법은 문제를 여러 개의 작은 문제로 나눈 다음, 다시 하나하나를 해결하는 것이다.

– 에드워드 드 보노 *Edward de Bono*

앞에서 나온 한계돌파 사고의 방법과 마찬가지로 중요한 점은 어떻게 기존의 사고방식을 벗어나 문제를 푸느냐다. 그렇기 때문에 문제를 해결하고자 할 때, 우리는 문제를 여러 개로 나눈 다음 각각의 문제를 해결하는 방법을 쓸 수 있다. 문제를 나누는 것은 정확한 규칙이 없어도 가능하다. 중요한 것은 문제의 해결방법으로 참신한 아이디어를 생각해내는 것이다. 예를 들어 여러분이 어떤 목적지에 가려고 한다면, 가고자 하는 목적지의 방향을 알아내고 가는 길을 선택한 뒤, 어떤 수단을 이용할 것인지 결정하는 것이다.

1 부채도형법이란?

부채도형법이란 문제가 있으면 우선 핵심을 분석한 다음 주요 방법과 대체적인 행동, 구체적인 행동 등에 관하여 다른 답안을 생각해낼 수 없을 때까지 생각하는 겁니다. 결과적으로 마치 큰 나무와 같은 도안이 그려질 거예요. 나무의 몸통은 문제 및 중요한 해결방법이며, 대체적인 행동과 구체적인 행동은 나뭇가지에 해당합니다. 그리고 이 전체 도형의 내용을 다시 한 번 써보면 완전한 '부채형'이 만들어질 겁니다.

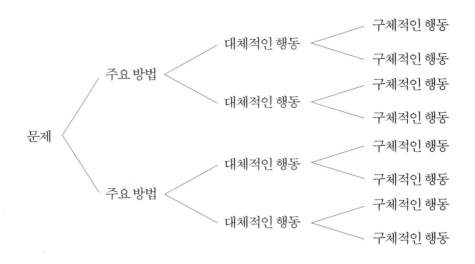

01 한계돌파 사고에서 중요한 것은 무엇인가요?

  □ 가. 기존의 사고방식으로부터 탈피하여 문제를 분석한다.

  □ 나. 다른 사람들의 사고방식으로부터 탈피하여 문제를 분석한다.

  □ 다. 기존의 사고방식을 이용하여 문제를 분석한다.

  □ 라. 부모의 사고방식으로부터 탈피하여 문제를 분석한다.

02 문제해결을 하려고 할 때 먼저 어떻게 하면 되나요?

  □ 가. 문제에 대해 골똘히 생각한다.

  □ 나. 문제를 종이에 써본다.

  □ 다. 문제와 비슷한 문제를 찾아본다.

  □ 라. 문제를 여러 개로 나눈다.

03 해결방안에서 어떤 점을 고려해야 하나요? (정답을 모두 고르세요)

  □ 가. 문제를 찾는다.

  □ 나. 정확한 규칙을 찾는다.

  □ 다. 새로운 변화를 할 수 있는 방법을 찾는다.

  □ 라. 더 많은 참신한 아이디어를 생각한다.

□마. 문제를 피할 수 있는 더 많은 방법을 찾는다.

□바. 가능한 많은 문제를 찾는다.

04 생각은 언제 행동으로 옮기는 게 좋을까요?

□가. 아이디어가 떠오르는 중

□나. 아이디어가 떠오르기 전

□다. 아이디어가 떠오르고 바로

□라. 아이디어가 떠오르고 하루 뒤

05 어떤 목표를 실현하고자 할 때 반드시 무엇을 알아야 하나요?

□가. 특징

□나. 방향

□다. 인구

□라. 풍경

06 어떤 목적지에 도달하기까지의 정확한 과정은?

□가. 위치 파악 → 방향 설정 → 행선지 확정 → 교통도구 선택

□나. 위치 파악 → 방법 설정 → 행선지 확정 → 교통도구 선택

□다. 위치 파악 → 방향 설정 → 동행인 확정 → 교통도구 선택

□라. 위치 파악 → 방법 설정 → 동행인 확정 → 교통도구 선택

07 정확한 부채도형법은 무엇인가요?

□가. 문제 확정 → 대체적인 행동 → 구체적인 행동 → 주요 방법

□나. 문제 확정 → 주요 방법 → 대체적인 행동 → 구체적인 행동

□다. 문제 확정 → 대체적인 행동 → 주요 방법 → 구체적인 방법

□라. 문제 확정 → 주요 방법 → 대체적인 행동 → 구체적인 행동

08 부채도형법을 적용할 때 어느 단계까지 가면 될까요?

☐ 가. 선생님이 답을 가르쳐줄 때까지

☐ 나. 다른 답안을 생각해낼 수 없을 때까지

☐ 다. 다른 행동을 할 수 없을 때까지

☐ 라. 다른 사람이 생각해낼 수 없을 때까지

09 위와 같은 순서로 문제를 풀다 보면 결국 어떤 형태가 나오나요?

☐ 가. 한 그루의 큰 나무

☐ 나. 한 척의 배

☐ 다. 한 채의 집

☐ 라. 한 장의 나뭇잎

2 어떻게 활용할 수 있을까?

- 화이트보드 혹은 큰 종이 위에 부채도형을 그리는 것이 좋습니다.

- 항상 어떻게 문제를 해결할 것인가에 대해 질문해야 합니다.

- 문제의 본질을 정확히 알아야 합니다.

    예 만약 천정에 있는 전등을 교체하고자 할 때 문제핵심은 자신과 천정의 거리를 좁히는 것이지 사다리를 찾는 것이 아닙니다. 사다리는 문제를 해결하는 방법일 뿐이지 문제의 핵심은 아니죠.

- 왼쪽에는 해결하고자 하는 문제를 적고 오른쪽에는 이 문제와 관계되는 구체적인 행동을 쓰면 부채도형이 만들어집니다.

- 부채도형으로부터 어떤 해결방안이 적합한지는 알 수 없습니다. 그러므로 여러 개의 방안에 대해 따로따로 평가해야 합니다. 평가의 기준은 실행가능성, 적합성, 자원 활용 및 장점도 포함합니다.

01 부채도형을 이용할 때 어떤 질문을 해야 할까요?

　□ 가. 누가 이 문제를 해결할 수 있는가?

　□ 나. 언제 이 문제를 해결할 수 있는가?

　□ 다. 어떻게 문제를 해결할 수 있는가?

　□ 라. 왜 이 문제를 해결해야 하는가?

02 돈을 모으려면 어떻게 하면 될까요?

　□ 가. 용돈을 조금씩 모은다.

　□ 나. 로또복권을 산다.

　□ 다. 학교를 그만두고 일을 한다.

　□ 라. 친구들의 돈을 뺏는다.

03 천정에 있는 전등을 교체하는 가장 효율적인 방법은 무엇인가요?

　□ 가. 자신의 키를 키워 전등을 교체한다.

　□ 나. 천정의 높이를 낮추어 전등을 교체한다.

　□ 다. 자신과 천정의 거리를 좁힌다.

　□ 라. 사다리를 찾아와 천정의 전등을 교체한다.

04 부채도형은 어떻게 하면 완성할 수 있을까요?

　□ 가. 오른쪽에 해결하고자 하는 문제를 적고, 왼쪽에 관계되는 구체적인 행동을 열거한다.

　□ 나. 왼쪽에 해결하고자 하는 문제의 구체적인 행동을 적고, 오른쪽에 관계되는 문제를 열거한다.

　□ 다. 왼쪽에 해결하고자 하는 문제를 적고, 오른쪽에 관계되는 구체적인 행동을 열거한다.

　□ 라. 왼쪽에 해결하고자 하는 문제를 적고, 그 왼쪽에 관계되는 구체적인 행동을 열거한다.

05 부채도형에서 제시한 방안을 평가하는 기준은 무엇인가요?

　　□ 가. 실행가능성, 적합성, 자원 활용 및 장점

　　□ 나. 실행가능성, 적합성, 자원 활용 및 단점

　　□ 다. 실행가능성, 적합성, 시간 활용 및 장점

　　□ 라. 실행가능성, 적합성, 시간 활용 및 단점

06 자원에 해당되지 않는 것은 무엇인가요?

　　□ 가. 돈

　　□ 나. 공기

　　□ 다. 인재

　　□ 라. 시간

　　□ 마. 기술

　　□ 바. 땅

3 부채도형법의 연습1 : 해양 오염문제

해양 오염문제를 주제로 아래의 숫자가 있는 칸을 채워봅시다.

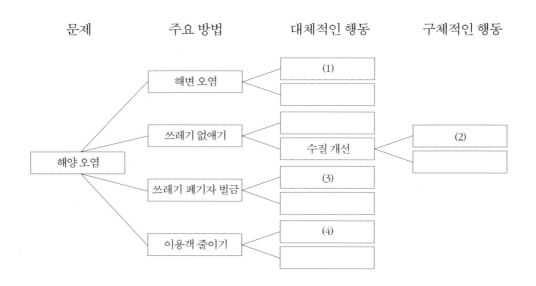

01 앞의 표에서 항목(1)에 적합한 내용은 무엇인가요?

　　□ 가. 해변의 면적을 줄인다.

　　□ 나. 해초의 처리방법을 개선한다.

　　□ 다. 환경미화원을 고용하여 해변을 청소한다.

　　□ 라. 쓰레기를 무단으로 버리는 사람에게 3만원의 벌금을 받는다.

02 앞의 표에서 항목(2)에 적합한 내용은 무엇인가요?

　　□ 가. 해변에 감시 카메라를 설치한다.

　　□ 나. 해변을 이용하는 사람의 수를 줄인다.

　　□ 다. 해변 이용객들에게 자연보호 관련 교육을 한다.

　　□ 라. 바닷물에 떠다니는 쓰레기를 치운다.

03 앞의 표에서 항목(3)에 적합한 내용은 무엇인가요?

　　□ 가. 해초의 처리방법을 개선한다.

　　□ 나. 1년간 해변을 폐쇄한다.

　　□ 다. 공업용 폐기물을 버리면 벌금을 받는다.

　　□ 리. 수질을 개선한다.

04 앞의 표에서 항목(4)에 적합한 내용은 무엇인가요?

　　□ 가. 선착순으로 이용하도록 허가제를 도입한다.

　　□ 나. 바닷물을 여과한다.

　　□ 다. 해초의 처리방법을 개선한다.

　　□ 라. 어선에서 기름이 새지 않도록 한다.

4 부채도형법의 연습2 : 물 부족문제

아래의 부채도형을 보면서 문제의 구체적인 행동이 무엇을 나타내는지 살펴보세요.

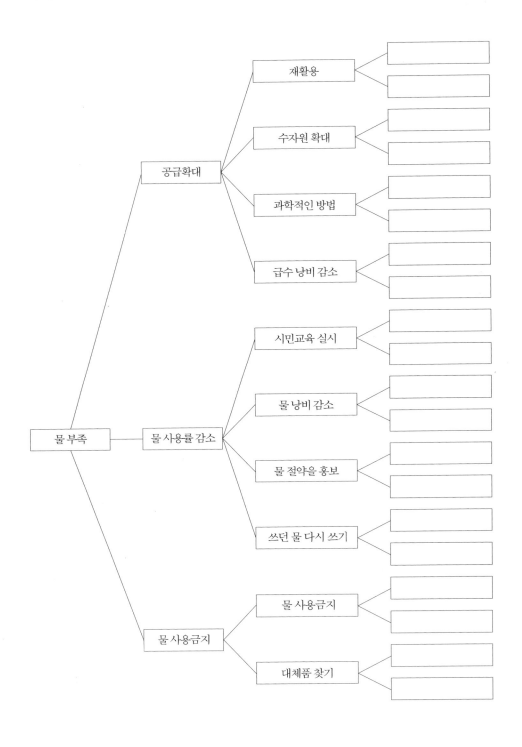

01 물 사용료를 올립니다.

　□ 가. 재활용

　□ 나. 시민교육 실시

　□ 다. 급수 낭비 감소

　□ 라. 대체품 찾기

02 저수지를 건축합니다.

　□ 가. 수자원 확대

　□ 나. 시민교육 실시

　□ 다. 쓰던 물 다시 쓰기

　□ 라. 물 사용금지

03 언론매체를 통하여 물 절약을 홍보합니다.

　□ 가. 물 낭비 감소

　□ 나. 쓰던 물 다시 쓰기

　□ 다. 대체품 찾기

　□ 라. 시민교육 실시

04 한 번 쓴 물로 세차합니다.

　□ 가. 급수 낭비 감소

　□ 나. 쓰던 물 다시 쓰기

　□ 다. 물 사용금지

　□ 라. 물 낭비 감소

05 저수지의 물이 흘러넘치지 않게 합니다.

　　☐ 가. 물 사용률 감소

　　☐ 나. 급수 낭비 감소

　　☐ 다. 쓰던 물 다시 쓰기

　　☐ 라. 물 사용금지

06 수분 많은 과일로 갈증을 대신합니다.

　　☐ 가. 물 낭비 감소

　　☐ 나. 시민교육 실시

　　☐ 다. 과학적인 방법

　　☐ 라. 대체품 찾기

07 기계를 동원하여 바닷물을 정화합니다.

　　☐ 가. 물 낭비 감소

　　☐ 나. 과학적인 방법

　　☐ 다. 쓰던 물 다시 쓰기

　　☐ 라. 대체품 찾기

08 다른 곳에서 물을 공급 받습니다.

　　☐ 가. 과학적인 방법

　　☐ 나. 수자원 확대

　　☐ 다. 물 낭비 감소

　　☐ 라. 쓰던 물 다시 쓰기

09 송수관의 누수 문제를 해결합니다.

　　☐ 가. 이용률 증가

　　☐ 나. 과학적인 방법

□다. 재활용

□라. 급수 낭비 감소

10 한 번 쓴 물은 정화한 다음 다시 사용합니다.

□가. 시민교육 실시

□나. 물 낭비 감소

□다. 재활용

□라. 쓰던 물 다시 쓰기

11 식물을 재배하지 않습니다.

□가. 물 낭비 감소

□나. 쓰던 물 다시 쓰기

□다. 수자원 확대

□라. 과학적인 방법

12 한 번 쓴 물을 이용하여 식물을 재배합니다.

□가. 급수 낭비 감소

□나. 물 낭비 감소

□다. 쓰던 물 다시 쓰기

□라. 대체품 찾기

13 공공장소에서만 물을 사용하도록 합니다.

□가. 쓰던 물 다시 쓰기

□나. 급수 낭비 감소

□다. 물 절약을 홍보

□라. 수자원 확대

14 오염을 줄이도록 합니다.

　□ 가. 재활용

　□ 나. 물 절약을 홍보

　□ 다. 대체품 찾기

　□ 라. 급수 낭비 감소

15 애완동물을 키우지 않습니다.

　□ 가. 물 낭비 감소

　□ 나. 수자원 확대

　□ 다. 대체품 찾기

　□ 라. 재활용

16 세차용 물 사용량을 줄입니다.

　□ 가. 쓰던 물 다시 쓰기

　□ 나. 물 낭비 감소

　□ 다. 대체품 찾기

　□ 라. 과학적인 방법

17 인공 구름을 만들어 강우량을 늘립니다.

　□ 가. 재활용

　□ 나. 물 사용금지

　□ 다. 과학적인 방법

　□ 라. 대체품 찾기

18 한 번 쓴 물을 정원에 뿌립니다.

　□ 가. 물 낭비 감소

　□ 나. 쓰던 물 다시 쓰기

□ 다. 물 절약을 홍보

□ 라. 수자원 확대

19 물 사용을 줄일 수 있는 또 다른 아이디어를 제시해보세요.

_____

_____

_____

_____

_____

_____

 제 13과 학습 포인트

> ✓ 문제를 해결할 때 중요한 것은 참신한 아이디어를 생각해내는 것이다.
>
> ✓ 반드시 먼저 아이디어를 생각한 다음 행동으로 옮겨야 한다.
>
> ✓ '부채도형법'이란 문제가 있으면 우선 문제의 핵심을 분석한 다음 문제 해결을 위한 주요 방법, 대체적인 행동, 구체적인 행동 등에 관하여 다른 답안을 생각해낼 수 없을 때까지 생각한다.

14 | 한계돌파 사고 연습6

대부분의 새로운 자료들은 이전의 이론을 바탕으로 쓴 것이다.

— 에드워드 드 보노 Edward de Bono

다음 문제는 여러 가지 답이 있을 수 있어요. 자신만의 생각을 써보세요.

01 쌍둥이는 아니지만 생김새가 똑같은 두 명의 여자 어린이가 있어요. 어떻게 된 일일까요?

_____

02 진주 10알을 박스 4개에 나눠서 넣어야 하는데 어떻게 하면 한 박스 안에 각각 3개 이상 넣을 수 있을까요? (힌트 : 박스의 크기는 모두 달라요)

_____

03 술에 취한 한 남자가 도로에서 과속운전을 하고 있었어요. 경찰은 그를 벌써 30분 이상 쫓고 있었죠. 이때 도로변에 또 다른 경찰차가 나타나자 그는 바로 도로변에 멈춰 섰습니다. 그는 음주측정을 강요 당하지도 체포되지도 않았습니다. 과연 무엇 때문이었을까요? 단, 지금 영화 촬영하는 것도, 돈으로 경찰을 매수한 것도 아닙니다. (힌트 : 관할구역과 관련이 있어요)

_____

CHAPTER 14

04 어느 도시의 터널 천정에 전등이 있는데, 사람의 손이 쉽게 닿기 때문에 자주 도난을 당하곤 합니다. 이 문제를 해결하기 위해 한 기술자가 나섰는데요. 그는 간단하게 문제를 해결했어요. 어떤 방법이었을까요?

(힌트 : 사람의 습관을 바꾸는 것이에요)

_____

_____

_____

_____

05 한 남자가 일하던 중 바위에 걸려 넘어져 작업복이 찢어졌어요. 하지만 시간이 조금 흐르자, 그 남자는 생명까지 잃었죠. 무슨 이유였을까요?

(힌트 : 그의 직업은 특수한 작업복이 필요한 거였어요)

_____

_____

_____

_____

06 아래의 인형 2개를 움직여서 한 줄에 3개가 아니라 4개가 되도록 바꾸세요.

07 위아래의 길이가 60m이고 좌우의 길이가 60m인 정사각형 평지가 있어요. 그런데 왜 면적은 1800m²밖에 안 될까요?

_____

_____

08 A라는 사람은 매일 대중교통을 이용하여 출퇴근을 합니다. 그는 사람이 많을수록 좋아해요. 왜일까요? 단, A는 소매치기도 아니고 성추행범도 아닙니다.

_____

_____

15 | 한계돌파 사고 방법7 : 징검다리법

한계돌파 사고는 문제를 찾고, 논리사고는 답을 찾는다.

-에드워드 드 보노 Edward de Bono

한계돌파 사고는 자신이 답안을 찾는 과정에서 잘못이 있는지 또는 합리적인지를 생각하지 않는다. 반대로 그것이 가져오는 효과와 결과에 집중한다. 그렇기 때문에 우리는 터무니없고, 미련하고, 황당한 제의라고 할지라도 반박하지 않는다. 왜냐하면 이러한 불합리해 보이는 생각이 새로운 아이디어를 만들어내고 결국 문제해결의 방법을 찾을 수 있기 때문이다.

1 징검다리법이란?

얕은 개천을 건널 때 큰 돌을 놓고 그것을 밟고 지나가는데, 그 돌을 '징검다리돌'이라고 합니다. 마찬가지로 우리는 어떤 문제를 해결할 때, 일시적인 생각을 징검다리용 돌처럼 활용해서 생각하면 더 큰 효과를 얻게 됩니다. 이것을 징검다리법이라고 해요. 목표달성 후에는 버려도 되는 것이죠.

01 한계돌파 사고는 무엇을 생각하나요?

　□ 가. 실행가능한가?

　□ 나. 합리적인가?

　□ 다. 가져오는 효과와 결과는 무엇인가?

　□ 라. 실수가 있는가?

02 우리는 한계돌파 사고가 터무니없고, 미련하고, 황당한 제의로 보일 때 어떻게 해야 할까요?

□ 가. 그 관점을 반박한다.

□ 나. 그 내용을 수정한다.

□ 다. 그 생각을 받아들이지 않는다.

□ 라. 징검다리 돌처럼 생각한다.

03 터무니없고, 미련하고, 황당한 제의는 어떤 효과가 있을까요?

□ 가. 새로운 아이디어를 만든다.

□ 나. 황당한 아이디어를 만든다.

□ 다. 터무니없는 아이디어를 만든다.

□ 라. 미련한 아이디어를 만든다.

04 징검다리용 돌이란 무엇인가요?

□ 가. 개천을 지나는 사람들이 연구하는 돌

□ 나. 개천을 지나는 사람들이 밟고 가는 돌

□ 다. 개천을 지나는 사람들이 관찰하는 돌

□ 라. 개천을 지나는 사람들이 수집하는 돌

05 징검다리용 돌과 같은 생각을 어떻게 사용하면 좋을까요?

□ 가. 사용할 수 없다.

□ 나. 끊임없이 사용한다.

□ 다. 잠시 사용한다.

□ 라. 맨 마지막에 사용한다.

06 자신의 목표를 달성한 후 징검다리법은 어떻게 하면 될까요?

　□ 가. 또 사용한다.

　□ 나. 기록한다.

　□ 다. 수정한다.

　□ 라. 버린다.

2 어떻게 활용할 수 있을까?

　징검다리법의 핵심은 이 방법을 활용하여 더 좋은 아이디어가 생기도록 돕는 거예요. 그렇기 때문에 아무리 도움이 되지 않을 것 같은 방법이더라도 새로운 아이디어를 이끌어낸다고 생각하세요. 아주 약한 전파를 발사해서 비행기를 폭파시키자는 황당한 제안이 무선전파로 비행기를 탐지하는 '레이더'를 탄생시킨 것처럼요. 이밖에 당연하다고 생각되는 일도 기존의 관습에서 벗어나 다른 방향으로 생각할 수 있어요. 기발한 생각으로 새로운 아이디어를 끌어낸다고 생각하고, 가능한 한 대담하게 생각하세요. 새로운 아이디어가 다른 사람이나 현실의 구속을 받으면 아무런 쓸모가 없어지기 때문입니다.

01 만약 도움이 되지 않는 방법처럼 보일 때, 어떻게 하면 될까요?

　□ 가. 새로운 아이디어가 생기는 것이라고 생각한다.

　□ 나. 낡은 아이디어가 생기는 것이라고 생각한다.

　□ 다. 황당한 아이디어가 생기는 것이라고 생각한다.

　□ 라. 어려운 아이디어가 생기는 것이라고 생각한다.

02 어떠한 황당한 생각에서 레이더가 탄생했나요?

　□ 가. 전파를 발사하여 비행기를 만든다.

　□ 나. 전파를 발사하여 비행기를 청소한다.

　□ 다. 전파를 발사하여 비행기를 살펴본다.

　□ 라. 전파를 발사하여 비행기를 폭파시킨다.

03 우리는 어떤 방법으로 아이디어가 생기게 할 수 있을까요?

    ☐ 가. 관습에서 벗어나거나 비슷한 방향으로 생각한다.

    ☐ 나. 관습에서 벗어나거나 반대 방향으로 생각한다.

    ☐ 다. 관습에서 벗어나거나 같은 방향으로 생각한다.

    ☐ 라. 관습과 일치하면서 닮은 방향으로 생각한다.

04 기발한 생각이 새로운 아이디어가 되기 위해 우리는 어떻게 해야 하나요?

    ☐ 가. 진지하게 생각해야 한다.

    ☐ 나. 신중하게 생각해야 한다.

    ☐ 다. 조심스럽게 생각해야 한다.

    ☐ 라. 대담하게 생각해야 한다.

05 새로운 아이디어가 다른 사람 또는 현실에 구속을 받는다면 어떻게 될까요?

    ☐ 가. 잠시 효력을 잃는다.

    ☐ 나. 쓸모가 없어진다.

    ☐ 다. 더욱 효력을 발휘한다.

    ☐ 라. 용도가 적어진다.

3 징검다리법을 이용하자

01 목표 : 음식점 운영에 드는 비용은 줄이고 이익을 늘린다.

    생각 : 음식, 음료수, 식기를 제공하지 않는다.

    실행 : _____

    _____

02 목표 : 선생님의 휴식시간을 늘린다.

생각 : 선생님은 시험문제를 준비하지 않는다.

실행 : _____

_____

03 목표 : 경찰의 월급을 줄인다.

생각 : 죄인이 경찰에게 월급을 준다.

실행 : _____

_____

04 목표 : 성적이 낮은 학생들의 점수를 높인다.

생각 : 성적이 좋은 학생이 벌을 받는다.

실행 : _____

_____

05 목표 : 사람들을 건강하게 만든다.

생각 : 신발이 병을 치료한다.

실행 : _____

06 목표 : 집을 깨끗하게 정리한다.

생각 : 손으로 먼지를 닦는다.

실행 : _____

_____

07 목표 : 사람을 빨리 잠들게 한다.

생각 : 비가 올 때 잠이 잘 온다.

실행 : _____

_____

08 목표 : 환자가 건강하도록 한다.

생각 : 어떤 약이나 치료가 필요 없다.

실행 : _____

_____

09 목표 : 교실을 깨끗하게 한다.

생각 : 학생들은 쓰레기를 버리는 것이 습관이 되었다.

실행 : _____

_____

 제 15과 학습 포인트

> ✓ 한계돌파 사고를 할 때는 생각에 잘못이 있는지 또는 합리적인지를 생각하지 않는다. 반대로 그것이 가져오는 효과와 결과에 집중한다.
>
> ✓ 터무니없고, 미련하고, 황당한 제의라 할지라도 더 좋은 생각이 될 수도 있다.
>
> ✓ 징검다리용 돌처럼 일시적인 생각을 활용하면 더 큰 효과가 있다.

16 한계돌파 사고 연습7

> 다른 사람들이 이미 지나간 길을 걷지 않고, 스스로 길을 개척하는 사람만이 위대한 생각을 할 수 있다.
>
> —에드워드 드 보노 *Edward de Bono*

다음 문제는 여러 가지 답이 있을 수 있어요. 자신만의 생각을 써보세요.

01 어떻게 하면 컴퍼스로 계란 모양을 그릴 수 있을까요? (힌트 : 보는 위치에 따라 달라지는 계란의 모양을 생각하세요)

_____

02 바구니에 8개의 오렌지가 담겨 있습니다. 만약 4명의 친구들에게 똑같이 나누어주고 1개를 남기고 싶은데, 어떻게 나누면 될까요? 단, 오렌지를 쪼개서는 안 돼요.

_____

03 단비는 창틀에 가짜 사과를 놓아두었어요. 몇 시간 뒤 단비가 돌아왔을 때, 과일이 보이지 않았어요. 어떻게 된 일일까요? 단, 어떤 누구도 그녀의 과일을 훔쳐가지 않았어요. 또한 동물이나 벌레와도 상관없어요. (힌트 : 가짜 사과는 다른 용도가 있어요)

_____

04 매일 단비는 교과서를 챙겨서 학교에 가고 수업을 하며, 정해진 시간에 집에 돌아옵니다. 한번도 숙제를 하지 않았지만 선생님의 꾸지람은 들은 적이 없었죠. 그 이유는 무엇일까요?

_____

_____

05 아래에 16개의 원이 있어요. 4개를 더 추가하여 아래 원의 가로, 세로, 대각선이 모두 5개의 원이 되도록 하세요.

○ ○ ○ ○

○ ○ ○ ○

○ ○ ○ ○

○ ○ ○ ○

06 한 남자가 50m 높이에 있는 헬리콥터에서 안전하게 뛰어내렸습니다. 어떻게 된 것일까요? 단, 그는 아무런 장비도 가지고 있지 않았어요.

_____

_____

07 100kg의 돌보다 200kg의 돌을 나르는 것이 더 쉽다고 해요. 왜 그럴까요? 단, 운반도구는 사용할 수 없어요.

_____

_____

08 단비는 칫솔질을 하면서 아버지와 자연스럽게 이야기를 나눌 수 있었어요. 어떻게 된 것일까요?

_____

_____

CHAPTER 16

사람들마다 생각이 다를 수 있어요. 어떤 답이 절대적으로 옳다고 말할 수 없기 때문에 여기에 있는 답은 참고답안일 뿐이지 정답이 아니랍니다. 그리고 혹시 답이 나와 있지 않은 문제는 여러분이 자유롭게 생각하면 됩니다.

제1과

1

01 나   02 가   03 라   04 가   05 나   06 라   07 다   08 가   09 다   10 나

11 아무리 노력해도 안 돼, 더 많이 노력해야겠다, 성적이 전부는 아니잖아? 등.

12 노래를 잘 해, 피아노를 잘 치잖아 등.

2

01 나   02 가   03 나   04 가   05 라   06 다, 라, 마, 바

3

01 라

02 그렇게 떨어뜨려 놓고 자루 안에 남은 돌의 색을 보여주면, 채권자는 그녀가 고른 돌이 흰색이라는 것을 인정해야만 한다.

4

01 나   02 가   03 다   04 라   05 가   06 가   07 라   08 다   09 나

5

01 가   02 나   03 가   04 나   05 가   06 나   07 나   08 가   09 나   10 나

11 가   12 나   13 나   14 가   15 나   16 나   17 가   18 가   19 나   20 나

21 나   22 가   23 가   24 나   25 가   26 가   27 가   28 나   29 가   30 가

31 가   32 가   33 나   34 가

제2과

01 아버지의 이력서를 가지고 취업전문 회사에 제출한다. 그래서 다른 회사에 다닐 수 있도록 돕는다.

02 만약 당신이 나의 아내라면 꼭 한 번에 다 마셔버릴 것이오.

03 R은 2조에 T는 1조에 넣는다. 직선과 곡선으로 이루어진 알파벳 모양을 살펴보면 알 수 있다.

04 '1'을 − 부호의 위, 아래에 세워놓고 보면 ÷가 된다. 그러면 8 ÷ 4 = 2가 된다.

05 종이를 고깔모자처럼 접는다.

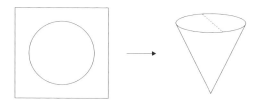

06 종이를 원통형으로 접은 다음 그림과 같이 선을 그린다.

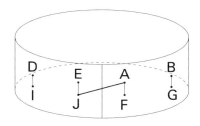

07 계란을 방안의 구석에 놓는다.

08 그림과 같이 구멍을 파서 4개의 돌을 넣고 그 위에 바위를 올려둔다.

제3과

1

01 ④ 02 ② 03 ④ 04 ④ 05 ④ 06 ④ 07 ②

2

01 인터넷, 오픈강의, 전자책, 텔레비전, 라디오, CD, 녹음테이프, MP3, 우편, DVD 등

02 플라스틱 컵, 도자기 컵, 알루미늄 컵, 나무 컵 등

3

01 ② 02 ④ 03 ④ 04 ④ 05 ④ 06 ④ 07 ② 08 ④ 09 ④

4

01 ② 02 ④ 03 ④ 04 ④ 05 ④ 06 ④ 07 ④ 08 ④ 09 ② 10 ②

11 ④ 12 ④ 13 ② 14 ④ 15 ④ 16 ④

17 사용을 제한하는 방법 : 포장된 음식을 가져오지 않는다 등

　　예방을 하는 방법 : 쓰레기용 봉투를 준비한다 등

　　자율적인 방법 : 학생들이 교대로 관리한다 등

제4과

01 한 그루는 산 정상에 심고 나머지 세 그루는 산 옆으로 심었다. 그러면 네 그루의
　거리는 서로 같아진다.

02 동전하나를 세워놓으면 1일 된다.

03 계산기의 위가 아래로 오도록 돌리면 된다.

04

05 이 사람은 원래 억만장자이다. 그리고 동정심이 많아서 늘 이런 방법으로 사람을
도왔기 때문에 지금은 백만장자가 되었다.

06 나무판을 여러 개의 작은 조각으로 자르고 작은 조각의 나무판을 다시 연결한다.

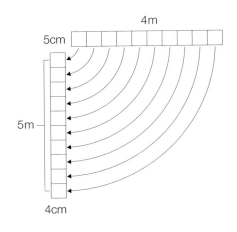

07

08 1t의 큰 돌은 조금만 힘을 줘도 쪼개지는 성질은 가진 것이다.

제5과

1

01 ㉡ 02 ㉡ 03 ㉮ 04 ㉮ 05 ㉣ 06 ㉡ 07 ㉯ 08 ㉣ 09 ㉯

2

01 ㉣ 02 ㉮ 03 ㉡ 04 ㉣ 05 ㉮ 06 ㉣ 07 ㉯ 08 ㉯ 09 ㉮, ㉣, ㉤, ㉥

3

01 한 남자가 낙하산을 타고 뛰어내렸는데, 우연히 신비한 '하늘의 성' 으로 들어가게 되었다.

02 소형 카메라를 탁구공 안에 설치한다.

03 성 모양으로 케이크를 만들어 그 꼭대기에는 창문을 만든다.

04 풍선 밟기, 풍선 빼앗기, 풍선 쏘기, 풍선을 배구공으로 생각하고 시합을 한다 등

05 오빠가 공원에서 텔레비전을 본다, 나는 공원에서 독서를 한다, 거실을 공원처럼
꾸미고 오빠가 텔레비전에 빠지지 않도록 한다 등

제6과

01 큰 물만두를 만들어 사람을 그 안에 넣는다.

02 그 중 케이크 3개를 4조각으로 자르고 한 사람에게 하나씩, 나머지 4개의 케이크
를 3조각씩 썰어 다시 한 사람에게 하나씩 나눠준다.

03 바다에 잠겨 있던 조그만 섬이 썰물 때 수면 위로 모습을 드러냈다.

04 별장만 태우도록 한다. 별장이 다 타고나면 불은 자동으로 꺼질 것이다.

05 10조각

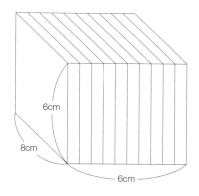

06 아래처럼 오각형이 되게 접는다.

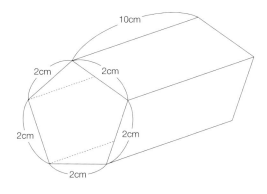

07 종이를 원형 통이 되게 접어 원통위의 가운데를 중심으로 직선을 그으면 된다.

(종의 위의 원점과 중심의 직선거리가 곧바로 원의 반경이다.)

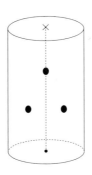

제7과

1

01 ㉮　　**02** ㉰　　**03** ㉯　　**04** ㉱　　**05** ㉮, ㉯, ㉲, ㉳, ㉴, ㉵, ㉷, ㉹, ㉻　　**06** ㉯

2

01 ㉰　　**02** ㉮　　**03** ㉮, ㉱, ㉲, ㉴　　**04** ㉯　　**05** ㉮

3

01 ㉯　　**02** ㉰　　**03** ㉯　　**04** ㉱　　**05** ㉱　　**06** ㉱　　**07** ㉰

08 ㉮ (청년은 점점 시간이 흐를수록 할머니가 너무 적은 돈으로 음악을 감상하려고 한다며 떠날 것이다.)

09 ㉯ (건달 : 너는 나보다 더 어렵구나. 나는 네가 나보다 나을 줄 알았는데.)

10 ㉮

11 ㉱ (이것이 농민들의 호기심을 자아냈다. 농민들은 삼삼오오 무리를 지어 몰래 감자를 파거나 심을 것이다. 그리하여 남몰래 훔쳐 먹는 과일처럼 감자는 다른 농민들에게 퍼져 전 프랑스에 보급되었다.)

12 ㉰ ('어떤 사람은'이란 말은 의원들을 불안하게 했다. 하지만 '어떤 사람은 아니다'라는 말은 의원들로 하여금 자신은 멍청한 사람이 아니라고 생각하게 만들었다.)

13 ㉮

제8과

01 그들의 목소리로

02 여전히 두 마리(암컷 한 쌍이었다.)

03 상대편의 말을 타고 A나라에 간다.

04 죽은 사람이 물침대에서 잤는데, 살인범이 물침대를 칼로 찔러서 물침대의 물에 빠져 죽게 했다.

05 이 여자는 심장발작으로 심장이 멈췄다. 그녀의 가슴을 때린 남자가 바로 의사였는데, 그가 그 여자에게 응급조치를 하고 있었다.

06 그들은 할아버지, 아버지, 아들 이렇게 셋이다. 이 중 두 명은 아들이고 두 명은 아버지이다.

07 아주 굵은 연필로 그림에 선을 그으면 된다.

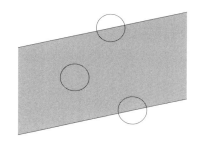

08 어떤 볼펜으로도 '붉은색', '남색' 이라고 쓸 수 있다.

제9과

1

01 ㉮   02 ㉱   03 ㉮   04 ㉯   05 ㉱   06 ㉮   07 ㉯   08 ㉮   09 ㉯

2

01 ㉱   02 ㉯   03 ㉮   04 ㉰   05 ㉱

3

01 ㉮   02 ㉯   03 ㉱   04 ㉮   05 ㉯   06 ㉮   07 ㉰   08 ㉱   09 ㉮   10 ㉰

11 ㉯   12 ㉯   13 ㉯   14 ㉯   15 ㉮   16 ㉰   17 ㉯   18 ㉱   19 ㉮   20 ㉱

4

01

주요 생각 : 생활의 필요한 물품을 파는 곳이다 등.

기본 가설 : 여성들이 많이 왕래하는 곳은 매상이 좋을 것이다, 태풍 또는 명절이 매
상에 영향을 미칠 것이다 등.

필수 조건 : 물건이 모두 구비되어 있어야 한다, 신용카드를 사용할 수 있어야 한다,
물품종류 표시, 담당자, 가격표가 있어야 한다 등.

주의 사항 : 가격이 너무 비싸다, 도로가 너무 좁다, 물품이 많지 않다 등.

02 운송망으로 카트를 대신한다, 비싼 물건은 부유한 고객을 상대로 공략한다, 의류
및 전자제품 전용코너를 만든다, 팜플렛을 보고 물건을 구입한다 등.

제10과

01 그가 떨어진 곳은 사해(死海)이다. 바닷물의 염도가 높기 때문에 그 남자는 바닷물
위로 떠오를 수 있었다.

02 대부분 사람들의 좌우 걸음의 폭이 같지 않다. 오랜 시간이 지나면 그들은 큰 원
을 그리면서 원래 장소로 되돌아갈 것이다.

03 종이를 원통형 캔에 감은 다음 컴퍼스를 캔 뚜껑의 중심에 고정시켜 놓고 캔의 옆
에서 하나의 원을 그린다.

정답노트

04 정사각형을 아래의 그림과 같이 겹쳐서 접고 가운데 부분을 교차점으로 연결한다.

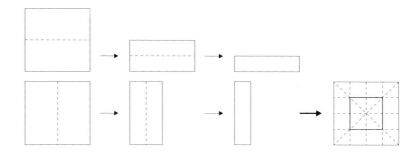

05

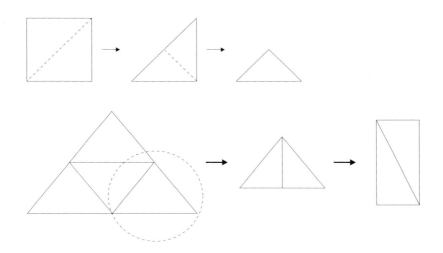

06 없다, 그러한 액체를 담을 그릇이 없기 때문이다.

07 직사각형을 아래의 그림과 같이 배치하면 정사각형이 된다.

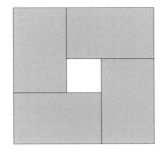

제11과

1

01 ㉣　02 ㉯　03 ㉣　04 ㉢　05 ㉮　06 ㉣　07 ㉯　08 ㉯　09 ㉮

2

01 ㉢, ㉰, ㉱　02 ㉮, ㉣, ㉰

3

01 ㉮　02 ㉮　03 ㉯　04 ㉯　05 ㉯　06 ㉮　07 ㉮　08 ㉮　09 ㉮　10 ㉮

11 ㉯　12 ㉯　13 ㉯　14 ㉯　15 ㉯　16 ㉯　17 ㉯　18 ㉯

4

01 ㉮　02 ㉯　03 ㉯　04 ㉮　05 ㉮　06 ㉮　07 ㉮　08 ㉯　09 ㉯　10 ㉯

11 ㉮　12 ㉮　13 ㉯　14 ㉯

5

01 명성을 떨치다, 부유하다, 사치한 생활, 상류사회, 자녀가 출세를 할 것이다, 존경을 받다 등.

02 일이 즐겁다, 생활 걱정이 없다, 절친한 친구가 있다, 화목한 가정이 있다, 학식이 많다, 충족한 여가시간이 있다 등.

제12과

01 10명

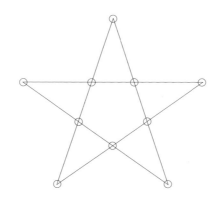

02 밀폐된 방안이라 했기 때문에 빛이 없다. 그래서 아무것도 보이지 않는다.

03 그는 차를 운전하지 않았다.

04 이 은행이 방금 전, 다른 강도가 이 은행에 왔었다.

05 종이를 아래의 형태로 접고 합한 다음 종이의 끝부분을 그림과 같이 연필로 문지른다.

06 12조각 (모든 빵과 소시지를 원형으로 만든다)

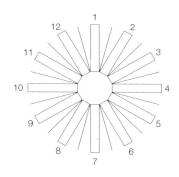

07 12개(입체도형이라고 생각하자)

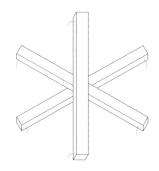

제13과

1

01 ㉮   02 ㉣   03 ㉢, ㉣   04 ㉢   05 ㉯   06 ㉮   07 ㉣   08 ㉯   09 ㉮

2

01 ㉢   02 ㉮   03 ㉣   04 ㉢   05 ㉮   06 ㉯

3

01 ㉢   02 ㉣   03 ㉢   04 ㉮

4

01 ㉢   02 ㉮   03 ㉣   04 ㉯   05 ㉯   06 ㉣   07 ㉯   08 ㉯   09 ㉣   10 ㉢

11 ㉮   12 ㉢   13 ㉢   14 ㉣   15 ㉮   16 ㉯   17 ㉢   18 ㉯

19 양변기 물통에 벽돌을 넣어둔다, 빗물을 받아 놓는다 등.

제14과

01 그들은 세 쌍둥이다.

02 3개 작은 상자에 진주 3알씩 넣는다. 그리고 그 중 작은 상자 하나를 큰 상자 속에 넣고 나머지 진주는 큰 상자 속에 넣는다.

03 그 남자는 마침 다른 나라의 국경에 멈춰 있었다. 그래서 첫 번째 경찰은 다른 나라 국가에서 그를 체포할 수 없었고 그리고 그 나라의 경찰도 그가 국경선을 넘지 않았기에 체포할 수 없었다.

04 전구의 나선무늬를 전통적인 오른쪽 방향 또는 시계바늘 방향으로 만들지 않고 왼쪽 방향 또는 시계바늘 반대방향으로 고쳐놓는다. 도둑이 전구를 빼내려고 틀수록 전구는 반대방향으로 더 조여지는 것이다.

05 그는 깊은 바다에서 일하는 잠수원이다. 산소통이 암석에 부딪쳐 망가져 목숨을 잃게 되었다.

06

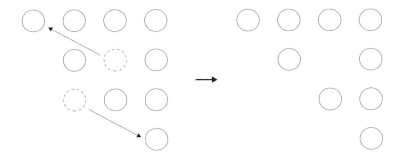

07

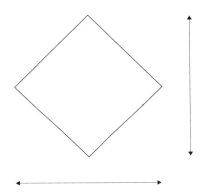

08 그는 버스회사의 사장이다.

제15과

1

01 ㉺   02 ㉣   03 ㉮   04 ㉯   05 ㉺   06 ㉣

2

01 ㉮   02 ㉣   03 ㉯   04 ㉣   05 ㉯

3

01 고객은 스스로 음식과 식기를 준비해야 하며 시간과 인원수에 따라 요금을 받는다. 고객이 머무는 시간을 연장하기 위해 인터넷, TV, 음악, 게임기 등의 서비스를 제공한다.

02 학생들 스스로가 시험문제를 준비하고 선생님은 학생들의 시험문제를 선택하고 수정하여 시간을 절약한다.

03 죄인은 형무소에 있는 기간에 따라 경찰에게 월급을 지불한다.

04 성적이 우수한 학생이 성적이 낮은 학생의 과외지도를 맡아 성적이 낮은 학생의 성적이 향상되면 성적이 우수한 학생이 벌을 면하게 된다.

05 신발 밑창의 볼록한 부분을 지압할 수 있게 만들어 여러 가지 질병을 치료한다.

06 장갑으로 집안 청소를 한다.

07 녹음기로 비가 내리는 소리를 들려주어 쉽게 잠들게 한다.

08 운동을 하게 한다.

09 쓰레기통을 농구대처럼 만들어 학생들에게 농구하듯이 넣으라고 한다.

제16과

01 계란을 밑으로 보면 원이기 때문에 컴퍼스로 원을 그리면 된다.

02 오렌지 6개를 3명에게 나누어 준 다음 광주리와 나머지 귤을 나머지 1명에게 준다.

03 가짜 사과는 양초의 용도로 만들어진 것이다. 몇 시간 뒤 모두 타 버렸던 것이다.

04 단비는 교사이다.

05 원 4개를 원래의 원과 아래와 같이 그린다.

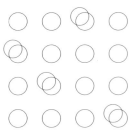

06 그는 49m 높이의 지붕 위에 뛰어 내렸다.

07 200kg의 돌은 매끄러운 원형이라서 쉽게 굴릴 수 있다.

08 단비가 닦은 것은 할아버지의 틀니였다.

지은이

리앙즈웬(梁志援)

저자는 홍콩 이공대학과 마카오 동아대학(마카오대학)에서 경영관리 학사학위, 마케팅 학사학위와 석사학위를 받았으며, 아동 사고(思考) 훈련 및 컴퓨터 교육 분야에서 많은 현장 경험을 가지고 있다. 현재 홍콩 컴퓨터학회, 영국 특허마케팅학회, 홍콩 컴퓨터교육학회와 홍콩 인터넷교육학회 회원으로 활동하고 있다. 또한 컴퓨터 과학기술, 심리학, 신경언어학(NLP)을 통해 아동과 청소년 양성에 주력해왔다. 그는 또한 사고방법, 교수법, 잠재의식 운영, 심리학 등의 관련 학문을 공부했다.

홈페이지 www.youngthinker.net

옮긴이

이종순

1958년 중국에서 태어나 북경 중앙민족대학에서 조선어문학을 전공했다. 한국으로 건너와 고려대학교 대학원에서 문학석사, 서울대학교 대학원에서 교육학 박사학위를 받았다. 중국에서는 목단강시위당교(牡丹江市委黨校) 조교수로 근무했고, 한국에서는 한국어와 한국문학교육을 공부하면서 서울대학교, 이화여자대학교, 경기대학교 등에서 중국어를 강의했다. 2003년 이후 한국관광대학 관광중국어과 교수로 재직중이다. 저서로는《별나라 사람 무얼 먹고 사나》(고구려 출판사, 1997),《알짜&짤막 중국어회화》(다락원, 2004),《중국 조선족 문학과 문학교육 연구》(신성출판사, 2005) 등이 있으며, 번역서로는《지혜동화》(예림당, 1995) 등이 있다.

한언의 사명선언문

Our Mission

—. 우리는 새로운 지식을 창출, 전파하여 전 인류가 이를 공유케 함으로써
　　인류문화의 발전과 행복에 이바지한다.

—. 우리는 끊임없이 학습하는 조직으로서 자신과 조직의 발전을 위해
　　쉼없이 노력하며, 궁극적으로는 세계적 컨텐츠 그룹을 지향한다.

—. 우리는 정신적, 물질적으로 최고 수준의 복지를 실현하기 위해 노력하며,
　　명실공히 초일류 사원들의 집합체로서 부끄럼없이 행동한다.

Our Vision　　한언은 컨텐츠 기업의 선도적 성공모델이 된다.

저희 한언인들은 위와 같은 사명을 항상 가슴 속에 간직하고
좋은 책을 만들기 위해 최선을 다하고 있습니다.
독자 여러분의 아낌없는 충고와 격려를 부탁드립니다.

- 한언가족 -

HanEon's Mission statement

Our Mission

—. We create and broadcast new knowledge for the advancement and happiness of the
　　whole human race.

—. We do our best to improve ourselves and the organization, with the ultimate goal of
　　striving to be the best content group in the world.

—. We try to realize the highest quality of welfare system in both mental and physical
　　ways and we behave in a manner that reflects our mission as proud members of
　　HanEon Community.

Our Vision　　HanEon will be the leading Success Model of the content group.